AF567926

*Matthias Stührwold*t wurde 1968 geboren und lebt im schleswig-holsteinischen Stolpe, wo er heute einen Biohof bewirtschaftet. Nach Abschluss der Schule hat er Landwirtschaft gelernt, Zivildienst geleistet und eine Ausbildung zum Erzieher absolviert. Danach besuchte er die Landwirtschafts- und die Höhere Landbauschule. 1998 übernahm Matthias Stührwoldt den elterlichen Hof. Er ist verheiratet und Vater von fünf Kindern.
Seit 1993 schreibt er mit unerschütterlichem Humor Geschichten und Kolumnen über das Landleben. 2003 erschien sein erstes Buch „Verliebt Trecker fahren“ mit hochdeutschen Geschichten, dem inzwischen einige weitere gefolgt sind. Seit 2010 ist Matthias Stührwoldt Autor und Sprecher der NDR-Sendereihe „Hör mal`n beten to“. Im Quickborn-Verlag sind seither mehrere Bücher mit plattdeutschen Geschichten und Erzählungen erschienen, auch gibt es einige Hörbücher mit Live-Mitschnitten seiner überaus beliebten Lesungen!

Matthias Stührwoldt

# Ünnern Heven

Quickborn-Verlag

Die plattdeutsche Schreibweise des Autors
ist unverändert übernommen worden.

ISBN 978-3-87651-490-1


Umschlagfoto: Achim Schnoor
Umschlaggestaltung: Günter Pump, Nordhastedt
Gesamtherstellung: CPI books GmbH, Leck
*Der Umwelt zuliebe*
*auf chlorfrei gebleichtem Papier gedruckt*
Printed in Germany

# Inhalt

Blondie .................................................... 7
Mook wieder – Hau rin ........................... 10
Come together ....................................... 13
Olendeel ................................................. 16
Paradies ................................................. 19
De afschätzige Blick .............................. 21
Dräger .................................................... 23
Hochtietsreis .......................................... 26
De unbekannte Holländer ........................ 29
Uns Dörsfest ........................................... 32
Erotische Fotos ...................................... 35
Föfftig Johren an de Autobahn ................. 37
Mien Föhrerschien ................................. 45
Gildefest ................................................ 48
High Noon in Melkstand ......................... 50
De Inkopszettel ...................................... 53
In't Hotel ............................................... 57
Stuuv in't Krankenhuus ........................... 60
Isabell .................................................... 63

Uns Köters ........................................ 66
Levkes achtteihnste Geburtsdag ............... 69
Mien Mors ........................................ 72
Nena ................................................. 74
There is only now ................................ 76
Op de Hochtiet .................................... 80
Överall un ümmer ................................ 82
Pannkoken ......................................... 85
Dat nenn ik Platz ................................. 87
Radföhren .......................................... 90
Poesiealbum ....................................... 94
In Schweden bi Nacht ........................... 98
Sporsam un effektiv ............................ 101
Tee in't Kökenschapp .......................... 104
Bob Dülane ....................................... 107
Truck Stop ........................................ 110
Wi weren dorbi! ................................. 113
Ünnern Heven .................................... 116

## Blondie

De erste Fru, in de ik mi verkeken heff – afsehn vun, ganz fröh, mien Mudder un de Deerns in mien Grundschool, de ik geern lieden much, Sandra, Kerstin, Ingken – de erste Fru, in de ik mi verkeken heff, weer Debbie Harry vun Blondie. Vun mien Broder harr ik Blondies LP „Parallel Lines“ to Wiehnachten kregen un heff ehr rop un rünner hööӧrt. Noch hüüt is dat een vun miene Lieblingsplatten. „Heart of Glass“ weer de Hit dor op, un mien Broder sä, dat is Disco, dat is Scheiße, aver dat weer mi egol. Un blangenbi: Dat weer ok keen Disco, nee, Blondie weer een vun de coolsten Bands vun de heele Punk- un New Wave-Bewegung. Fief Typen in schwatt un een wunnerblonde, hübsche sexy Fru. Se keemen ut New York, dormols de schietigste Grootstadt op de Welt, un ik harr dat Geföhl, ik keem vun den schietigsten Buernhoff op de Welt. Wi harrn wat gemeensom, vereent in Schietigkeit. Debbie Harry wüss nix dorvun, blots mi weer dat ümmer klor.

Een Tietlang heff ik Biller vun Debbie Harry sammelt, utschneden ut de Bravo vun mien Broder. Mien Lieblingsbild heff ik mien Mudder wiest. Is se nich wunnerschön, heff ik Mudder fraagt. Jo, sä se, schmuck. Aver de nimmt Drogen. Quatsch, reep ik. Doch, sä Mudder, de kickt so. De is Hai! Un ik heff mi fraagt, wat dat nu heten schull. Nah een gefährlichen Fisch sehg se nu würklich nich ut.

Op dat Cover vun „Parallel Lines“ harr Clem Burke, de Drummer vun Blondie, twee verscheeden Schoh an, een roden un een schwatten Chuck. Ik heff mi vörstellt, dat vun dat een Poor seker de linke un vun dat anner de rechte kaputt gahn weer, un he harr keen Problem dormit, de heilen, de över weren, op to dregen. Dat kunn ik ok. Ik harr een rechten Adidas un een linken Puma, un de annern weren twei. Ik heff de intakten antrocken un bün een Sommer lang so rümlopen. Ölven Johren weer ik oolt, een ganz normalen Jung mit twee verscheedene Turnschoh. Mudder weer dat pienlich – wat schüllt de Lüüd denn denken? – mi nich. In Gegendeel: Stolt weer ik. Un wenn mi in't Dörp een anschnackt hett, segg mol, du Asi, wo löppst du denn rüm, denn heff ik antert: In New York is dat normal. In London ok. Un bald ok in Stolpe. Schasst mol sehn!

Aver dat is anners komen. Ganz ehrlich: As Trendsetter weer ik een Null.

## Mook wieder – Hau rin

Vun de ersten teihn Platten, de ik harr, weren twee Live-LPs mit dat wilde Kreischen vun Dusende vun Deerns. De eene Platt weer vun de Beatles, Live at the Hollywood Bowl. De anner weer vun Cheap Trick, Cheap Trick at Budokan. Ik glööv, de heff ik vun Tante Rosi to Wiehnachten kregen; mien Broder harr ehr den Tipp geven.

Sietdem bün ik Fan. Ik heff all de Platten vun Cheap Trick. Se weren ümmer dicht an Mainstream-Rock, aver ümmer een beten schräg, ümmer een beten överdreiht, ümmer een beten appeldwatsch. Ik mach düsse Typen eenfach.

In de fröhen Achtiger, 1983, weren se eenmol in de Rockpalast-Nacht to Gast. Ik entsinn mi, för de Clique vun mien Broder, de weren jo al een poor Johren öller as ik, weren de Rockpalast-Nächte richtige Gesellschopsereignisse, Events, wörr man hüüt seggen. Se hebbt sik dropen bi den, de den gröttsten Fernseher harr, wenn möglich in Farv, un denn seten se dorvör un hebbt Konzerte keken. Dschörmen Tellewischen Praudli Priesents, un denn güng dat los. All de groten Bands hebbt dor speelt, Police, The Who, ZZ Top un even ok Cheap Trick.

Bi Cheap Trick seet ik mit Klaus in uns Wohnstuuv vör den Fernseher. De weer ganz luut stellt, un ik wull mit dat integreerte Micro vun mien Radiorecorder dat Konzert opnehmen. Also müssen wi ganz liesen ween. Merrn in't Konzert weer eenmol Stille, de Gitarrist hett sien Instrument stimmt, wat weet ik, un jichtenseen in't Publikum hett wat bölkt, wat Klaus un ik nich glieks verstahn hebbt.

Klaus sä, drück mol Stop un spuul mol trüch, ik will weten, wat de bölkt hebbt. Okay, heff ik dacht, de ganze Tiet still to ween, weer jo ok nich so eenfach. Un heff trüch spuult. Un anstellt. Dor weer se, de lütte Paus. Un denn een, de bölkt: MOOK WIEDER! Un een annern: HAU RIN!

Keen Twiefel, dor bölken twee Jungs wat op Platt! Dat Konzert weer in de Grugahalle in

Essen, aver tominnst twee recht luude plattdütsche Jungs weren dor. Wedder un wedder hebbt Klaus un ik trüch spuult un dat anhöört. Un denn kregen wi een Lachflash, in de Wohnstuuv vun mien Öllern, vör den Fernseher, op den Teppichböhn. Över Johren, wenn wi uns dropen hebbt, hett de een ropen: MOOK WIEDER! Un de anner anter: HAU RIN! Dat weer een echten Insider twüschen uns, un ik bün mi seker, wörrn wi uns nu nochmol drepen, dat wörr noch ümmer funktioneern.

Dat is nu meist veertig Johren her. Cheap Trick gifft dat ümmer noch; se mookt ümmer noch niede Platten un gaht op Tour. Rick Nielsen, de Gitarrist, hett mol in een Interview seggt: We are too dumb to stop. To blööd ton Opholen, dat hett mi gefullen.

Wenn se nochmol nah Dütschland koomt, gah ik dorhin. Un wenn se twüschen twee Songs eene lütte Paus mookt, denn bölk ik: MOOK WIEDER! HAU RIN! Dor freu ik mi nu al op!

## Come together

Nülichs harrn wi een Konzert bi uns in Gaarn, open air. Tim Lothar, een Fründ vun mi, leevt in Norden vun Dänemark. He is an düssen Dag ut Dänemark komen, üm för uns to spelen. Uns Dochter Marie weer ok dor. An den Dag dornah is se in de Schweiz trocken. Nich wegen dat Konzert; de Ümtoch weer al vörher plaant.
Ik mach ja sone Geschichten. De een kümmt vun Norden; de annern föhrt in Süden, bi uns in Gaarn droopt se sik, un achteran schwarmt se all ut, in all de Richtungen, in de wiete Welt. Schön, jichtenswo, oder?
Doch as ik an düssen Avend op de Strohklapp seet un Tims Musik höör, müss ik denken an den eenen Dag in 2012. Warr ik nie vergeten. Uns Dochter Nora weer för een halvet Johr in Costa Rica, un mien Fru un ik hebbt ehr dor besöcht. Wi hebbt uns een Auto miet, sünd rümfohrt, un Nora hett uns Costa Rica wiest.

As wi an de Pazifikküste weern, sünd wi anholen, wiel wi wat eeten wullen. Nora hett achtern de Autodöör open mookt, un in den Ogenblick is een Fru op Rad vun achtern komen, müss utwieken un hett sik dorbi op den Appel packt. To'n Glück weer nich veel passeert, blots een poor Schürfwunden. Wi hebbt de Fru, de ut Kolumbien keem, to'n Dokter föhrt – de, ji warrt dat nich glöven, Kanadier weer – dat Rad is heil bleven, un achteran weer allens wedder goot. För männig Lüüd weer dat een ganz normalen Verkehrsunfall, aver för mi is de Welt an düssen Dag een lütt Stück wieder tosomen rückt. Wi, dree Dütsche, harrn in Costa Rica, Mittelamerika, mit een koreanischet Auto een lütten Unfall mit eene Kolumbianerin un hebbt ehr nah een kanadischen Doktor bröcht. Ehrlich mol, geiht mehr Multikulti?
Achteran hebbt wi ehr föfftig Dollar geven un uns to'n Afscheed anlächelt. Se meen, so goot harr se lang nich verdeent, un hett uns fraagt, wat wi nich nochmol een Unfall mit ehr hebben wullen, aver eenmol langt, hebbt wi to ehr seggt. Tja, denn nich, sä se, wink noch eenmol, un weg

weer se. Mit een Grienen in't Gesicht stünnen wi dor un keken ehr nah. Schön weer dat. Meist de ganze Welt keem tohopen an düssen hitten Dag op een Landstraat in Costa Rica. Un an't Enn weer allens goot. Come together!

## Olendeel

As mien Öllern so um de sösstig weren, dor füngen se an, sik Gedanken över een Olendeelerhuus to moken. Historisch weer dat so, dat unsen Hoff ut twee Hööf tosomen wussen is. Toerst weer dor de lütte Hoff op den Kielerkamp, op den mien Vadder geboren weer, un in de Mitt vun de sösstiger Johren hebbt mien Öllern twee Kilometer weg een grötteren Hoff övernohmen un sünd dorhin trocken. Vadders Geburtshuus op den Kielerkamp weer oolt un kaputt un is in den söventiger Johren afreten worrn. As dat nu dorüm güng, sik een Olendeel to buen, weer för Vadder klor: Dat schull dor stahn, wo sien Geburtshuus west weer. He wull op den sölbigen Placken Eer doot blieven, op den he ok geboren weer. Wat he, blangenbi, ok schafft hett.

As se mit de Planung anfungen hebbt, weer för Vadder eegentlich klor: Dat Olendeelerhuus müss massiv ween, Steen op Steen, mit orntliche Muern. Liekers hett he sik besabbeln laten, sik ok mol Informationen över een Holthuus antohören. Manfred, de fröhere Levenspartner vun Mudders Schwester Rosi, harr anfungen, skandinavische Holthüüs in Dütschland to verköpen. He harr Wind vun Mudders un Vadders Buupläne kregen un hett sik anmeldt, he wull mien Öllern mol wat vun Holthüüs vertellen. Ik, as de tokünftige Buer, schull ok dorbi ween; mien Öllern harrn mi Bescheed seggt.

So keem Manfred een goden Dag to Kaffee vörbi, mit allerlei Prospekte un Fotos un Ordners ünnern Arm. Erst wörr een beten schnackt, wat mookst du so, wo geiht dat de Familie, speelst du noch Football, un denn hett he los leggt un annerthalv Stünnen vertellt. Vun skandinavische Lärche, vun Dacköverstand, vun Holt anmolen ja oder nee. Op jede Fraag harr Manfred een Antwort; he hett dat würklich goot mookt; ik weer jo dorbi. Ik weer sowiet: Ik harr em allens afköfft. Holthüüs hebbt ja so veele Vördeele.

Aver Vadder weer nich övertüügt. Hüüt glööv ik, he wull blots fründlich ween un mol wedder mit Manfred Kaffee drinken. Dat, wat Manfred vertellt harr, güng in't eene Ohr rin un ut dat annere wedder rut. As de Vördrag fardig weer, sä Vadder: Jo, dat is jo allens recht goot un schön, aver eegentlich wullen Thea un ik op unse olen Daag nich in eene Baracke wohnen.

Un dörch weer he dormit. Ik glööv, he hett dat gor nich böös meent; he hett blots seggt, wat he denken dä. Manfred aver weer nich amüseert. He klemm siene Prospekte un Fotos un Ordners ünnern Arm, stünn op un verafscheed sik. Ik heff em nie wedder sehn.

## Dat Paradies

Een groten Philosophen, ik glööv, dat weer Horst Hrubesch, hett mol seggt: Dat eenzige Paradies, ut dat man uns nich rutschmieten kann, is de Erinnerung. Wo wohr dat doch is.

Ik meen, eenmol in mien Leven heff ik gegen Profis Football speelt. Dat weer 1989, in Sommer. Ik harr een Johr bi'n TSV Dannau speelt, in de Kreisklasse A in Kreis Plön, un an't Enn weren wi opstegen in de Kreisliga. Unsen Sponsor harr dormols Wind dorvun kregen, dat Schalke 04 twee Dörper wieder, in Malente, in't Trainingslager weer. Un denn hett he dat arrangiert un wohrschienlich ok betahlt, dat Schalke för een Fründschaftsspeel nah Dannau keem.

An den Avend weer Dannau vull, hunnerte Lüüd stünnen üm den Platz rüm un hebbt uns bi't Speel tokeken. Unvörstellbar hüüt – keen Afsparrungen, keen Security, nix. Blots de Profis un wi Buern. Dat weer een enget

Match, aver an't Enn harrn wi de Nees vörn. Dree to twee hebbt wi wunnen. Kort vör Schluss harr ik dat entscheedene Tor schoten. So weer mi dat in Erinnerung bleven. Mien gröttsten Dag as Footballer.

As ik annerletzt in Dannau in't Dörpshuus weer un mien Geschichten vertell, dor keem een olen Dannauer Footballkolleeg op mi to un schnack mi an. He harr mi vun dormols een Zeitungsartikel mitbröcht, över uns Speel in Dannau gegen Schalke. Dor weren sogor Fotos dorbi, op de ik ok to sehn weer, jung un schlank un mit lange Hoor. Un denn stünn dor, dat Schalke gegen uns föffteihn to null wunnen harr.

Kannst mol sehn, wat dormols al för een Mist in de Zeitung stahn hett!

## De afschätzige Blick

Nülichst weer ik mit mien Fründ Achim spontan in Dänemark. Wi sünd dor hinföhrt för een Blues-Konzert. Weer een super Avend. Dat weer uns to wiet torüchtoföhren, also hebbt wi dat nächste Hotel googelt un sünd dorhin.
Wi, twee Kerdls Mitte Föfftig, sünd also rin, ran an de Rezeption un hebbt seggt, dat wi geern een Doppelzimmer harrn, för eene Nacht. De Rezeptionistin keek uns een Ogenblick lang an, mi dücht een beten to lang, un se keek so afschätzig, so kalkuleert dorbi, as wörr se sik so ehre Gedanken moken. Denn sä se, se müss mol even kieken, in ehrn Computer, wat se noch een Stuuv frie harr för uns. Un se hau wat in ehre Tastatur.
Dat kann doch nich angahn, dach ik. Wi sünd in Dänemark, Skandinavien, beröhmt för Toleranz un Liberalität, un denn warrt een scheev ankeken, wenn een twee Kerdls is un een Doppelzimmer hebben will? Homophobie

oder wat? Hammer! Ik wull mi jüst opregen, dor sä se, jo, se harr noch een Stuuv för uns, de letzte. Okay, sä ik, un lang mien Kreditkort röver. Vun wegen de letzte, dach ik bi mi, Riesenhotel, blots een Handvull Autos vör de Döör, wat schall de Schiet? Aver vun nu an weer se heel fründlich un wünsch uns een goden Openthalt, un wenn wi Fragen harrn, weren se ümmer för uns dor. Blabla, dach ik, un ümmer schön de Seep opheben, oder wat.
Egol, Achim un ik güngen in uns Doppelzimmer. Schön, grote Finster, mit Blick över't Feld. Un in de Baadstuuv een evenerdige Dusche mit een klappbaren Duschstohl an de Wand.
Mit eenmol wörr mi wat klor, mit eenmol harr ik verstahn. Vun wegen Homophobie! De afschätzige Blick – se hett blots överleggt, wat wi ole Knackers noch in een Zimmer mit normale Dusche trecht keemen oder wat wi 'n evenerdig un klappbaren Duschstohl bruken. Süh, un se hett meent, altersgerecht weer wat beter för uns. Un denn hebbt wi dat letzte verfügbare Seniorenzimmer kregen! Dankbar schullen wi ween, dankbar!

## Dräger

Mien Vadder. In Stolpe geboren, 1934, in Stolpe storven, 2014. Standorttreu, vun'n ersten bi't to'n letzten Dag. Vun de Kategorie gifft dat nich mehr veele. Un Vadder weer een geselligen Typ un hett sik inbröcht in de Dörpgemeenschopp. Erst Landjugend. Rietvereen. Füerwehr. Buernverband. CDU. Gemeenderoot. Veer Johren lang is he sogor Bürgermeister west. Man kunn seggen, he weer in't Dörp allerbest vernetzt. Un he weer Fründ mit de allermeisten. Nich toletzt dorüm is he ümmer wedder fraagt worrn.

Vadder weer de prädestineerte Sargdräger bi Beerdigungen in uns Dörp. Ik meen, intwüschen sünd jo veele Truerfiern blots noch an de Urne, aver fröher weer dat so, dat de Sarg vörn in de Kark stunn. Un de Drägers, dat weren – anners as hüüt – nich een poor Geringfügig Beschäftigte vun den Bestatter, nee, dat weren Lüüd, de den Doden kennt hebbt, de Frünnen weren mit em, villich nich de besten Frünnen, de weren villich to trurig to'n Drägen, man gode Frünnen, de wussen, wat för een Verlust düsse Dode weer un för de dat eene Ehre weer, em oder ehr vun de Kark nah't Graff to drägen un daal to laten in de düster Eer. Achteran stünnen düsse söss Lüüd denn noch een lütten Ogenblick an dat Lock, dree an jede Siet, un keken daal, still un ernst, den Hoot in de Hand.

Mien Vadder kunn dat würklich goot. He weer de perfekte Sargdräger, kräftig, flink, aver nich to cool dorbi, nee, he fung ok licht mol an to blarren, aver wenn he dor stünn un een dicke Traan leep em över't Gesicht, denn dachen de Lüüd: De Dode mutt ja een goden Minschen west sien, wenn sogor de Sargdrägers weenen doot.

Achterran hett Vadder oftins vertellt, wo de Dode sik anföhlt hett, bi't Drägen. Över een ehemols wohlgenährten Veehhändler, de lange Tiet mit Krebs to doon harr, sä he: De weer so licht, an den weer woll gor nix mehr an! Blots een beten Luft! Un eenmol meen he över een annern Buern, de fröh storven weer: De Aas

weer so schwor, as wenn all de Doppelzentners, de he ümmer bi sien Weetenerdrag dortologen hett, nu mit em in de Kist legen!
De letzt, den Vadder drogen hett, weer sien Fründ Hermann. Dor weer Vadder al slecht to Foot un hett dat blots knapp noch trecht kregen. Nächst Mol dreeg ik nich mehr, sä Vadder dor, nächst Mol warr ik drogen.
Süh, un so is dat komen.

## Hochtietsreis

Mien Öllern hebbt in ehr Leven nich veel Urlaub mookt. Se hebbt dat ok blots selten mol versöcht. Jichtenswo weren se ümmer de Meenen, se kunnen den Hoff un de Dierten nich alleen laten. In de 36 Johren, de se den Hoff mookt hebbt, weren se villich dree Weken nich in't Huus, hebbt also villich 21 Nächte nich in ehr eegen Bett schlopen. Dat is een Quote vun 0,58 Periode 3 Daag in't Johr frie.

Aver se hebbt een Hochtietsreis mookt. In de Johren vör de Hochtiet hett Mudder ümmer över Sommer in de Schweiz arbeit, in Zürich, merrn in de Grootstadt, in een Pension mit Cafe dorbi. Jedet Johr, vör se wedder nah Huus föhr, hett se versproken: Anner Johr koom ik wedder. So ok 1961.

Aver denn bleev erst ehr Vadder doot, un een poor Daag later hett Mudder sik mit mien Vadder verlöövt. In Mai 1962 hebbt se heiraat,

un Mudder hett mit Vadder den Hoff anpackt. Nu kunn se aver nich nah Zürich, ofschoonst se dat toseggt harr. Man ehr lütte Schwester Rosi weer jüst fardig mit de Utbildung un harr Tiet. Schrieven oder telefoneeren weer Mudders Saak nich, also hebbt Vadder un Mudder, as dat Tiet weer, Rosi in Vadders olen Mercedes packt un sünd mit ehr nah Zürich föhrt. Wiel se aver een Panne harrn, hebbt se dat nich an een Dag schafft. Se weren jung un harrn wenig Geld. Schlopen hebbt se all dree in't Auto, op den Parkplatz vun een groote Kark in Karlsruhe. Nächsten Morgen sünd se wieder föhrt, bit nah Zürich. All dree rin in de Pension, moin Chef, ik kann düt Johr nich to arbeiten komen, ik bün verheiraat. Dat is mien Mann Hannes; wi mööt morgen avend wedder melken. Un dat hier is mien lütte Schwester Rosi. De kann jüst so goot arbeiten as ik. Se blifft glieks hier. So, un nu mööt wi wedder los. Tüüs!
Villich hebbt se ok noch een Kaffee drunken. Dat weet ik nich. De nächste Nacht hebbt se wedder in't Auto schlopen, in Karlsruhe, bi de Kark. Dat harr ehr dor so goot gefullen, un nu

harrn se sogor dat Auto ganz för sik. Luxus pur.
Annern Dag weren se wedder in Kohstall to melken. Dat weer de Hochtietsreis vun mien Öllern in Fröhjohr 1962. Dörtig Johren later, in Sommer 1992, weren se denn nochmol dor un hebbt den olen Chef besöcht. Dor hebbt se denn sogor in't Hotel schlopen. Mudder wull dat eegentlich nich; Hotels sünd to düer, sä se ümmer, dat Geld schloop ik mi dor nich af. Aver se harrn de Reis to'n dörtigsten Hochtietsdag schenkt kregen. Dat Hotel weer al betahlt, allens fix un fardig. Dor kunn Mudder denn ok nix mehr bi moken...

## De unbekannte Holländer

Stolpe is mien Heimatdörp, un ganz an Anfang vun de Pandemie weer Stolpe för een korte Tiet överregional bekannt. Wi weren in März 2020 de erste Corona-Hotspot in Schleswig-Holstein, geföhlt dat halve Dörp in Quarantäne, twee Lüüd sünd doot bleven, Dutzende infizeert, een Fru över Weken op Intensiv. Ok ik sülven harr dat, ansteken op de Gemeenderootssitzung even för den ersten Lockdown. Is nix nahbleven, bi mi, hett een beten duert, aver hüüt is allens wedder goot.
Sietdem, siet März 2020, koomt ümmer mol wedder Journalisten un Fernsehfritzen to uns in't Dörp un wüllt weten, wo uns dat nu geiht, wat sik ännert hett, wat allens goot is in Stolpe, wat wi lehrt hebbt ut de Pandemie. Ok ik bün al een poor Mol fraagt worrn, ümmer mit so'n Ünnerton, ik glööv, se wullen hören, dat ik nu mit ganz niede Ogen op dat Leven kieken do, dat jede Dag wichtig un schön un

kostbor is, dat een dat Leven geneeten schall, jedeen Ogenblick, un so wieder un so wieder.
Nee, segg ik denn ümmer, nix heff ik lehrt ut de Pandemie. Ik heff al ümmer weten, dat jede Dag wichtig un schön un kostbor is.
Stimmt aver nich. Blots, dat ik mit anner Ogen op dat Leven kieken do, hett nix mit Corona to doon. Is een poor Johren her, dor harr ik nahmeddags een Optritt bi een Geburtsdag. Ik weer een beten laat, un ik heff dacht, ik mutt mol een beten gauer föhren op de Autobahn. Rop op de A7, ik heff örntlich Gas geven, weer noch merrn an't Beschleunigen, dor pedd de Fohrer vör mi op de linke Spur mit eens op de Brems, aver so richtig. Ik ok, aver to laat, un mi wörr klor, ik wörr em achter rin ballern. Links weer de Leitplanke, dor kunn ik nich hin. Eenzige Möglichkeit weer: utwieken nah rechts. Rechts vun mi föhr een Wohnmobil. De Fohrer kreeg dat klook, dat ik Probleme harr, un in Bruchdeele vun Sekunden hett he reageert, afbremst, is nah rechts wegtrocken, un ik harr noog Platz un kunn an dat anner Auto vörbi. Dat weer knapp. Nix weer passeert, gor nix, aver dat harr Dode geven kunnt. Dat Hart klopp mi bit

nah den Hals, un ik bün erstmol mit achtig, ningtig wieder föhrt, müss mi erstmol beruhigen. Ik harr den Doot vör Ogen hatt.
Duer nich lang, dor överhol mi dat Wohnmobil. De Fohrer gestikuleer heftig in miene Richt. As he vör mi inscheer, sehg ik dat Nummernschild. Een Holländer. Ik överhool em nochmol. As ik op siene Högde weer, wink ik röver nah em un leeg mien Hand op mien Hart. Ik dank di, du unbekannte Holländer, för mien Leven. Dat wull ik em seggen.
Un sietdem weet ik: Jede Dag is wichtig un schön un kostbor. Un sietdem föhr ik op de Autobahn ümmer schön sutje. Ik will mi un anner Lüüd nich de Ohren afföhren, för nix, nich för den achtigsten Geburtsdag vun jichtenseen Leser, nich för de Nedderdüütsche Bühn, nich för't Stadttheoter. To Not mööt se fief oder teihn Minuten töven. Ik föhr hunnert, hunnertteihn. Wenn ik dat mol richtig krachen laat, denn föhr ik hunnerttwintig. Aver gauer ok nich...

## Uns Dörpsfest

In Sommer hebbt wi normalerwies ümmer uns Dörpsfest. Dat is Tradition, un wiel de Lüüd vun uns Dörp dat all sülm organiseert, is dat natürlich nich blots Plaisir, sünnern ok veel Arbeit. Aver hey, dat is uns Dörpsfest, dor sünd ümmer Masse Lüüd, de ehrn Deel dorto bidreegt, wi staht sülm stünnenwies achtern Tresen, dormit de Brand nich gor to düer warrt, un an't Enn hebbt wi noch ümmer unsen Spoß hatt.

Los geiht dat friedags mit dat Fest vun uns Grundschool, un avends gifft dat Plattdütsch-Theoter för alle, aver meist för de Senioren. Sünnavend Meddag warrt erst an't Dörpshuus de Könige un de Königinnen vun't Schoolfest utropen, un denn kümmt dat Blasorchester ut Naverdörp, dat bi den Festümtoch dörch't Dörp vörweg geiht. Un jo, dat hett in uns Dörp ümmer mol wedder Revolutionäre geven, de den Festümtoch afschaffen wullen,

aver güng nich. De Festümtoch hett de Revolutionäre afschafft.
Trüch an't Dörpshuus gifft dat denn erst een Fest för de Kinner, un je länger de Dag duert, warrt dat allmählich een Fest för de Erwassenen, un laat an Avend warrt, dat kann een nich anners seggen, ok orntlich wat sopen. Wenn de letzten nah Huus krüppt, koomt de ersten wedder, denn Sünndags morgens kümmt erst de Pastorin för een Gottesdeenst in uns Dörpshuus, dornah gifft dat noch een poor Speele, un dat ganze geiht traditionell to Enn mit dat Wildgulasch vun unse Jägerslüüd. De Volksmund seggt A 21-Ragout dorto.
So wiet, so unspektakulär. Uns legendäret Dörpsfest. Is al vörkomen, dat mien Fru un ik nah Huus güngen, Arm in Arm, dor weer dat al wedder hell, un wi wedder jung un in love. Un jedet Johr wedder is Werner an't Enn vull as een Emmer un baggert allens an, wat nich bi dree op den Boom is. Un stimmt dat eegentlich, dat Kalli sünnavends in de düster Nacht den letzten Sekt achtern Grillplatz bi't Lagerfüer ut Carina ehrn Buknavel schlürft hett?

Uns Dörpsfest. Utfullen 2020. Utfullen 2021. 2022 schall dat wedder los gahn, blots een Dag dütmol un nich dree, aver mit Festümtoch, Blasorchester, Supen un allens, wat dorto höört. Wat ik mi nu de ganze Tiet frogen do: Gifft dat een Weg, bi't Dörpsfest coronakonform Sekt ut den Buknavel vun een Fru to schlürfen, de nich mit di in een Huushalt leevt? Oder geiht dat gor nich? Oder blots, wenn ji beide getestet, genesen, geimpft un geboostert sünd, Masken op hebbt un annerthalf Meter Afstand hoolt?
Vör dat Dörpsfest los geiht, roop ik lever mol bi't Gesundheitsamt an un fraag nah...

## Erotische Fotos

Wi hebbt een sülvständige Fotografin in't Dörp, bi de kannst du Passfotos moken laten, Bewerbungsfotos, Kinnerfotos, Hochtietsfotos, wat weet ik. Wat ümmer een fotografeeren kann, se mookt di dat. Ok erotische Fotos. Also nich vun mi, nee, ok Photoshop hett Grenzen. Gor to dull lett sik sowat denn doch nich digital bearbeiden. Erotische Fotos sünd nich vun mi, nee, de sünd vun anner Lüüd.

Is een poor Johren her, dor hett de Fotografin mi mol fraagt, wat se mit een Fru, de sik dat wünscht hett, een erotischet Fotoshooting in unsen Kohstall moken kunn. Jo, worüm nich, heff ik seggt, un denn hebbt wi een Termin afmookt. Dat weer in Sommer; de Kööh weren op de Weid, un ik schull vörher een Hupen Heu op den Fuddergang drapeern, in den sik, so stell ik mi dat vör, dat Fotoobjekt denn lasziv räkeln schull. So een beten Koppkino harr ik jo al, aver ik heff dacht, as Locationproducer mutt ik professionell ween; dor is keen Platz för Geföhle. Also heff ik Heu vun Böön rünnerschmeten, heff dat schön locker opschüttelt, heff – wat ik mi nie vörher vörstellen kunn – mien Mitarbeiter un mien Lehrling verkloort, dat se in de nächsten twee Stünnen nix, aver ok gor nix in Kohstall to söken harrn, un denn heff ik mi diskret trüch trocken.

Ik bün erst wedder in mien Kohstall gahn, as de Fotografin un ehr Kundin wedder weg weren. Nix weer mehr to sehn dorvun, wat dor blots een halve Stünn vörher afgahn weer, blots een beten Parfüm hüng noch in de Luft. Natürlich heff ik de Fotos nie to sehn kregen, un wenn ik nu doröver nahdenk, find ik dat een beten schaad. Ümmerto stell ik mi nu vör, dat in de Schlaapstuuv vun jichtenseen annern Kerdl erotische Fotos vun mien Kohstall hangt. Un ik? Ik heff nich een erotischet Foto vun mien Kohstall. Dat is doch ungerecht, oder etwa nich?

## Föfftig Johren an de Autobahn

Unsen Hoff liggt direkt an de Autobahn, siet föfftig Johren. Wi hebbt nu 2022, un de ersten acht Kilometer vun de A21 weren 1972 fardig, rechttiedig to de Segelolympiade in Kiel-Schilksee. Dormols weer ik veer Johren oolt, un ganz düster entsinn ik mi doran, dat mien Broder un ik op uns Autobahnbrüch stunnen un daal keken op een poor schwatte Mercedesse, op veele Lüüd un een Macker, de mit de Scheer een Band dörchschneden hett. Dat weer wohl Lauritz Lauritzen, de Verkehrsminister dormols. Mien Broder sä noch: Wenn du daal rotzen deist un du dröppst em, kriggst du een Bonscher! Ik heff dat versöcht, aver Lauritz Lauritzen weer to wiet weg. Oder ik kunn nich wiet noog rotzen, je nahdem.
Vör de Autobahn keem, weer dor ok al een Straat. De B404, de Bundesstraat, de in Schleswig-Holstein vun Geesthacht an de Elv bit nah Kiel güng. Mien Öllern hebbt ümmer

„Nordsüd“ to düsse Straat seggt, wiel dat nah den Krieg de erste Straat in de Gegend weer, de quer dörch Holstein vun Nord nah Süd un ümgekehrt güng. Hier in de Gegend weer de Nordsüd as „Todesstrecke“ bekannt, wiel de komplette Verkehr dörch Wankendörp un Bornhööv güng. Oftins geev dat schwore Unfälle, un de Lüüd in de Dörper hebbt för een Ümgehungsstraat demonstreert. Dat weer woll de Grund, worüm de A21 toerst bi uns buut worrn is, twüschen, wenn du ut Süden kümmst, Bornhööv un Stolpe. Acht Kilometer Autobahn merrn dörch de Pampa. Erst in de ningtiger Johren is de Autobahn wieder buut worrn, Richtung Süden bit to dat Autobahnkrütz Bargteheide, Richtung Norden erst nu, bit nah Nettelsee. Intwüschen is de A21 56 Kilometer lang, aver de ersten twintig Johren weer se blots bi uns. Un all de Autofohrers hebbt sik wunnert. Du föhrst över Land, dor is nich soveel Verkehr, un dor, wo dat an eensamsten weer, „am Arsch der Heide“, as mien Kinner seggen wörrn, wörr dat plötzlich veerspurig, dat geev blots noch Anschlussstellen un Brüchen un so wieder, un kuum harrst du richtig op Gas pedd, dor weer dat Ganze wedder vörbi, un du hest dacht: Hä? Ok ik heff dat nich verstahn, as ik een jungen Mann weer, un ik heff de olen Lüüd in Gemeenderoot fraagt, worüm se dormols een Autobahn buut hebbt un nich eenfach een Ümgehungsstraat. Dat geev dree verscheeden Antworten in'n Gemeenderoot. De erste meen, de Kreis Plön wull ok so geern mol een Autobahn hebben, un dat weer de eenzige Möglichkeit. De tweete sä, se wullen unbedingt de Möglichkeit hebben, vun Bornhööv nah Stolpe to komen, ohn dörch dat langwielige Wankendörp to föhren, un de drütte lach, se harrn dat extra buut för de Fohrscholen in Wankendörp un Bornhööv, dormit de för de obligatorische Autobahnfohrt nich mehr nah Lübeck oder Niemünster müssen. Ik weet nich, wat dat stimmt, aver mien Fohrschool weer in Bornhööv, op dat anner Enn vun de acht Kilometer Autobahn, un mien Autobahnfohrt för den Föhrerschien Klasse Dree güng 1985 vun Bornhööv nah Stolpe, vun Stolpe nah Bornhööv, vun Bornhööv nah Stolpe un vun Stolpe nah Bornhööv. Acht plus acht plus acht plus acht sünd tweeundörtig Kilometer Autobahn. Hett blots een Viertelstünn duert, aver för den Föhrerschien hett dat langt. Noch nah Johren weer ik ümmer richtig opgeregt, wenn ik mol op een echte Autobahn ünnerwegens weer. A7 oder A1 oder so.

Föfftig Johren sünd dat nu, direkt an de Autobahn. Un wenn ik segg: direkt an de Autobahn, denn meen ik: direkt an de Autobahn. Intwüschen is dat so, dat du, wenn du an de Autobahn buen wullt, nich neger as veertig Meter an de Fohrbahn ranbuen dörfst. Wenn se aver vör föfftig Johren de Autobahn an dien Hoff ranbuut hebbt, kunnen se neger ran as veertig Meter. Uns Huuseck is goot tweeuntwintig Meter vun de Fohrbahn weg. Twintig Johren is dat her, dat wi een Wintergaarn anbuut hebbt. Wi hebbt em sogor genehmigt kregen, wohrschienlich, wiel wi mit em nich neger an de Autobahn keemen as vörher. Liekers stünn in de Bugenehmigung de wunnerschöne Satz: „Das Bauvorhaben ist so auszugestalten, dass es von der Bundesautobahn aus nicht für ein Verkehrszeichen gehalten werden kann."

Ik glööv, wi hebbt dat trecht kregen, aver intwüschen süht een den Wintergaarn vun de Autobahn ut nich mehr. As de Autobahn Richtung Norden wieder buut worrn is, hebbt wi een lütten Wall twüschen Huus un Fohrbahn kregen. Nu kannst du vun de Autobahn ut nich mehr sehn, wat wi Füer in Kamin an hebbt oder wat wi op dat Sofa moken doot. Ok de Schlagschattens an de Wand vun de vörbidunnernden Autoscheinwerfers sünd weg. Is richtig langwielig worrn bi uns in de Stuuv.

Föfftig Johren an de Autobahn. Ik bün 1968 geboren, ik kann mi nich doran entsinnen, wo dat bi uns utsehn hett, vör de Autobahn keem. Dat fröhste Landschaftsbild in mien Kopp is de Blick vun unsen Hoff hin nah de Autobahnbrüch, de nah unsen Hoff geiht, un de stünn in Rohbuu. Un ik entsinn mi, dat mien Tante Rosi un mien Broder Udo op de fardige, aver noch nich friegevene Autobahn Federball speelt hebbt, över de Mittelleitplanke weg. Ik seet dorbi un keek to. Ik weer veer Johren oolt un to lütt to'n Federballspelen, aver ik seet op den frischen Asphalt, de weer warm un röök so schön, un he weer schwatt, so schwatt, un de witten Striepens weren witt, so witt. Warr ik nich vergeten.

Eenmol is een Kerdl vun de Autobahn afkomen un in unsen Gaarn föhrt. Vadder hett em mit den Trecker ruttrocken, un dat Auto weer nich mol kaputt. De Macker hett noch een Liter Melk un een Glas Leberwust köfft un Vadder twintig Mark geven.

Eenmol hebbt Lüüd, de ut Berlin keemen un nah Schweden in Urlaub wullen, jüst bi uns an't Huus mit ehrn Ford Capri een Panne hatt. Dat Auto weer kaputt, un de Lüüd kregen uns Gästezimmer. Se sünd dree Weken bleven un hebbt in Stolpe Urlaub mookt. Vun dor an keemen se jedeen Johr, un as se Rentner weren, hebbt se sik in Stolpe een Huus buut. Nah Schweden sünd se in ehr ganzet Leven nich mehr föhrt.

Eenmol is Vadder mit den Trecker op de Autobahn föhrt. Dat weer in de Schneekatastrophe 1978/79. Dormols weer de Meierie in Wankendörp noch in Gang, aver de Melklaster keem nich dörch nah unsen Hoff.

Also hett Vadder all uns Melk in all de Melkkannen füllt, de wi harrn, hett ehr op den Hänger stellt, den Trecker vörspannt, den Draht vun uns Huuskoppel nah de Autobahn open mookt un is denn op de verkehrte Siet vun de Autobahn de dree Kilometer nah Wankendörp föhrt, üm uns Melk in de Meierie aftolevern. Weer Fahrverbot, un de Straat weer lerdig, aver ik stell mi nu noch ümmer de opgeregte Ansaag in den Verkehrsfunk vör: „Achtung, Achtung, auf der A21 zwischen Wankendorf un Stolpe kommt Ihnen auf Ihrer Fahrbahn ein Trecker mit Anhänger entgegen! Fahren Sie ganz rechts und überholen Sie nicht!"

Ik heff mi an de Autobahn gewöhnt. Jo, ik glööv sogor, mi wörr wat fehlen, weer se nich mehr dor. Mit veel Phantasie un nah veer Beer kann man sik vörstellen, de Verkehr ruscht as dat Meer, un schullen wi unsen Hoff mol verköpen, denn weet ik nu al, wat in de Anzeige vun den Makler stahn wörr: „Resthof in Alleinlage mit guter Verkehrsanbindung". Jo, de hebbt wi würklich. Een Lock in Draht, zack, bist du op de Autobahn.

Wenn ik fraagt warr, wat föfftig Johren an de Autobahn bi mi duerhafte Schäden achterloten hebbt, mutt ik ümmer an Otto Waalkes und Fru Suhrbier denken: NEIN! NEIN! NEIN!
Un eens köönt ji mi glöven: Den Gag hett Otto vun mi. Nich ik vun em.

## Mien Föhrerschien

Fröhjohr 1984. In Januar bün ik sössteihn worrn, un ik weer jüst dorbi, mien Moped-föhrerschien to moken. Oh, wat müss ik rümqueesen, bit mien Öllern dormit inverstahn weren. Mien Vadder harr as jungen Mann sülven Moped föhrt, aver nu sä he: Mopeds sünd veel to düer, un de halven Jungs föhrt sik de Ohren af. Tööv man, bit du achtteihn büst, un denn kriggst du een lütt Auto vun uns!

Aver ik heff gegenan sabbelt. Se müssen mi denn veel weniger dörch de Gegend föhren, ik kunn hin nah School un ok wedder trüch, ok nahmeddags, wenn keen Bus mehr föhrt, un nich toletzt kunn ik denn ok op de Straat Trecker föhren, total legal, un wenn de Putzen mi anholen schullen, kunn ik ehr mien Föhrerschien wiesen. Un blangenbi, sä ik, all de Jungs ut Dörp föhrt Moped. Schüllt de Lüüd denken, wi köönt uns dat nich leisten?

Ik glööv, dormit heff ik mien Vadder kregen.

Also heff ik mi anmeldt, Föhrerschien 1b, un bi unsen Dörpsschlosser Uwe Stender hebbt wi eene niede Achtiger-Zündapp bestellt, K 80, luftgeköhlt, 8,3 PS, Höchstgeschwindigkeit 80 km/h. Dat Moped weer later denn tatsächlich oftins kaputt un wegen de Reparaturen veel to düer, jüst so, as Vadder dat seggt harr, aver an den Dag, as ik mien Föhrerschien bestahn heff, weer de Zündapp noch gor nich dor. Un ik harr mi doch so dorop freut, dat erste Mol ganz alleen motorisiert ünnerwegens to ween.
Dat weer een lichten Avend in April, de Sünn schien noch deep dörch de Bööm, un ik heff Vadder fraagt, wat ik den Trecker hebben kunn, den Fendt, üm mien Fründ Siggi to besöken, in Nettelau, een Dörp wieder. Mientwegen, sä Vadder, un denn heff ik mi op den groten Trecker sett, hunnert PS, mit Kabine un Radio un Heizung, un bün to'n ersten Mol in mien Leven ganz alleen op de Bundesstraat föhrt, de veer Kilometer bit nah Nettelau. De Luft weer klor, ganz achtern kunn ik den Kieler Fernsehturm sehn, un ik heff dacht un föhlt: Ik bün groot, ik bün erwassen, ik bün

frie, wenn ik wull, ik kunn eenfach wieder föhren, in de groote, wiede Welt, ja, bit nah Kiel kunn ik föhren!
Oh ja, wo veele Dusend Kilometer bün ik föhrt siet miene erste Treckertour an düssen Avend in't Fröhjohr 1984. Machmol heff ik mi frie föhlt dorbi, aver nie nich wedder so frie as bi't erste Mol. Veer Kilometer op de Bundesstraat, un ik weer vull mit Glück!

## Gildefest

Wi hebbt Masse Dörper in uns Land. Un so verscheden se ok sünd, eens hebbt de meisten gemeensam: Jichtenswann in't Sommerhalfjohr gifft dat een Dörpsfest. Machmol heet dat Gildefest, machmol Schüttenfest, machmol Vogelscheten, aver ümmer warrt Masse Alkohol drunken. Un vörher gifft dat een Festümtoch dörch't Dörp.

Ik fraag mi ümmer: Wokeen sien komische Idee is dat west, wokeen hett dormit anfungen, utstaffeert as de Gockels dörch't Dörp to lopen, achter den Speelsmannstoch ran, in de Meddagshitten? Wokeen hett seggt: So, de Straten mööt schmückt warrn, un denn hebbt alle in de Vörgaarns to stahn un to kieken, wo de annern de Dörpsstaat op un daal loopt? Ik meen, ganz ehrlich: Wat schall dat?

Egol, dat gifft Saken, de mööt mookt warrn. Festümtoch höört dorto, dor bün ik mi seker.

In mien Lehrtiet heff ik op een Hoff arbeit, de

leeg merrn in't Dörp: Am Dorfplatz 3. Un op de Hoffkoppel, merrn in't Dörp, weer de Kalverweid. De Buer hett mi mol vun sien erstet Gildefest vertellt. He weer jüst in dütt Dörp kamen un harr den Hoff övernohmen, un eenen goden Friedag harr he de lütten Kalver op de Koppel laten; de weren nu dat erste Mol buten. Dat den annern Dag Gildefest weer – dorvun harr he nix wußt. Un as Sünnavendmeddag de Festümtoch lang de Dörpsstraat keem, mit Speelsmannstoch un pipapo, dor hebbt de Kalver sik so verfehrt, de hebbt dacht, de Welt geiht ünner. De Steerten hoch, un denn in Panik dörch den Draht un weglopen, weg, weg, blots weg vun düssen Larm.

Ik kann mi goot vörstellen, wat dat för een Dörcheenanner geev, wat vör'n Chaos, wat vör'n Gewusel. Villich hett sogor de Speelsmannstoch opholen to spelen. An't Enn hett dat halve Dörp mitholpen, de Kalver wedder intofangen, un avends weren alle besopen, so as sik dat hphysically höört, bi't Gildefest. Sietdem jedenfalls koomt de Kalver ümmer erst op de Weid, wenn dat Gildefest vörbi is. Soveel is mol klor.

## High Noon in Melkstand

Mien Öllern sünd al lang doot un ünner de Eer, aver dor vergeiht meist keen Dag, an den ik nich an ehr denken do. Ümmerhin leev ik, leevt wi nu in dat Huus, in dat vörher fiefundörtig Johren lang mien Öllern wohnt hebbt. Ik fohr ümmer noch den Trecker, den mien Vadder köfft hett, 1985. Dormols weer dat de gröttste Trecker in't Dörp. Oh, wat weer mien Vadder stolt. Jeden Sünndag is he mit den Trecker de Dörpstraat daal föhrt un hett nah all de Sieden wunken as Queen Mum. Un jo, ik heff ümmer noch mien Köh in den Kohstall, den mien Öllern buut hebbt, 1990. Melken do ik in den Melkstand ut datsölbige Johr.

Teihn Köh passt in düssen Melkstand, fief op de linke Siet un fief op de rechte. As Melker steihst du ünnen in de Grube, deeper as de Köh, dormit du goot an den Jiller kümmst. In düssen Melkstand hangt twee Schläuche vun

den Deck, mit warm Water dorbin. Dat sünd de Jillerduschen, mit de du den Jiller vör't Melken afspölen un rein moken kannst.
Oh, wo veele dusend Mole hebbt mien Öllern tosomen molken, in düssen Melkstand. 365 Daag hett dat Johr, morgens un avends melken, dat sünd 730 mol Melken in't Johr, un as se den Hof an mi övergeven harrn, weer noch lang nich Schluss mit Melken. Solang dat jichtens güng, sünd se komen, üm to melken. Dorbi hebbt se sik oftins so'n beten kabbelt, denn se kunnen nich ümmer goot tosomen arbeiten. Mudder hett an Vadder rümqueest, Vadder hett gegenan pultert, machmol weren se nah't Melken muksch miteenanner.
Eenmol keem ik vun Köh fuddern in Melkstand, dor stünnen de beiden sik ünnen in de Grube gegenöver un weren missennatt. Jedeen harr een Jillerdusch in de Hand as een Scheetgewehr, un as de Revolverhelden harrn se sik afschoten, mit dat warme Water. Wat is hier denn los, reep ik, un för een halve Sekunn weer de beiden dat pienlich, dat kunn ik sehn. Un denn, to glieke Tiet, dreihn se sik üm,

nehmen mi in't Visier un scheeten mi af. Ik bün afhaut, so flink, as ik kunn.
As se later ut den Melkstand keemen, leep dat Water blots so an de beiden daal, un ehre Gummisteveln quatschen bi jedeen Schritt.
Keen Ahnung, wat se dor miteenanner harrn. Wi hebbt nie wedder een Wort doröver verloren. Annern Morgen harrn se frische Arbeitsklamotten an, un een nieden Dag güng los.

## De Inkopszettel

Wat dat Inköpen angeiht, bün ik bi uns in de Familie de, de ümmer los mutt. Un ik bün ja eher de analoge Typ. Ik mook mi keen Inkopsnotiz in mien Smartphone, un ik heff dat ok nich vör. Op de Notizsiet in mien Telefon steiht ümmer noch „Käse“, dat hett unsen Jüngsten dorin tippt, as he mi sone Ort Handy-Seniorenschnellkurs geven hett, nahdem mien Fru un mien Kinner de Meenen weren, dat dat nu mol noog weer mit mien Smartphoneverweigerung un mi een to Geburtsdag schenkt hebbt. Funn ik total övergriffig, dormols. Intwüschen heff ik mi dor an gewöhnt.

Aver wat dat Inköpen angeiht, bün ik ümmer noch de analoge Typ. Ik betahl an leevsten mit Bargeld un ik heff een Inkopszettel ut Papier. Bi uns in de Köök, dor hangt een lütt Schrievblockhalter ut Holt, un jedeen ut de Familie schrifft dorop, wat bi't nächste Mol

Inköpen mitbröcht warrn schall. So is uns Inkopszettel ok ümmer so wat as een lütt Alldagschronik vun uns Familie. All de verscheeden Handschriften dükert dor op, un ik weet ton Bispeel, dat wi wedder mol Besöök harrn vun uns ölltste Dochter Marie, wenn se in ehre schwungvolle Handschrift wat ton Backen opschreven hett. Denn ümmer, wenn se dor is, tövert se de leckersten Koken, un ik mutt denn sehn, dat de Spieskomer wedder opfüllt warrt. Wenn dor Ies oder Schokolaad steiht, denn bruukt jichtenseen Nervennahrung, un wenn ik „Tampons" lesen do, kombineer ik messerscharp, dat jichtenseen weiblichet Mitglied vun unsen Huushalt an't Menstruieren is. Överhaupt, Tampons. Bi een Fru un dree Döchter bün ik as Inköper över de Johren een echten Tamponexperten worrn. Mini, Normal, Super, Super Plus: Wat dat angeiht, mookt mi keeneen wat vör, un ik entsinn mi, dat ik mol een Fru, de een beten ratlos in Supermarkt vör't Regal stünn un nich wüss, wat vör Tampons se köpen schull, üm een Hoor een Tamponvördrag holen harr. In letzten Ogenblick heff ik mi aver doch noch trüch holen – ik wull nich röverkomen as een Freak. An't Enn harr ik noch över Menstruationstassen schnackt oder so! Een Glück, ik heff dat nahloten.

Machmol, wenn dor wat Besünneres stünn, op den Inkopszettel, heff ik em opbewohrt; männigeen heff ik sogor in mien Dagbook kleevt, sotoseggen as Reliquie vun unsen Alldag, unse Ehe, unse Familie, unse Tiet, unsen Hof. So stünn ik nülichs to'n Bispeel in Supermarkt, den Inkopszettel in de Hand, un lees: Zungenküsse! Duer een Ogenblick, bit ik begrepen harr, dat dat sowat woll nich in Supermarkt giffl. Keek nochmol hin, üm mi klor to warrn, wokeen dat schreven harr. Nich mien Fru. De mach keen Zungenküsse, jedenfalls nich vun mi. Blots wenn se besopen is. Is se aver nie nich.

Uns Dochter harr dat schreven, Nora. Vun de weet ik nich, wat se Zungenküsse mach, aver ik keek nochmol genauer hin. Dor stunn: Ziegenkäse. De schmeckt wat anners as Zungenküsse, aver anners as de kriggst du den in Supermarkt. Also roller ik nah't

Köhlregal un hool dor Zeegenkääs rut, mit een Lächeln op de Lippen. Un de Inkopszettel, de kleevt nu in mien Dagbok. He is nich de eenzige...

## In't Hotel

Natürlich wull ik, as ik jung weer, vör allem eens: nich so warrn as mien Öllern. Un je öller ik warr, desto klorer warrt mi: De Appel fallt nich wiet vun Stamm. Keen Dag vergeiht, an den ik nich jichtenswann vun mi sülven denk: Hammer; ik hör mi an as mien Mudder. Oh Schreck, ik seh ut as mien Vadder.

In een Saak aver bün ik anners as mien Öllern: Ik kann Urlaub moken. Dat kunnen mien Öllern nich, un se hebbt dat eegentlich ok nie richtig versöcht. Vör allem, wiel Mudder, dat mutt man ehrlich seggen, för Urlaub to giezig weer. De Gipfel vun Verschwendung un Dekadenz weer för mien Mudder de Vörstellung, in't Hotel to schlopen. För't Schlopen Geld betahlen, dat kunn se nich verstahn.

Ik weet noch, eenmol weren mien Öllern in Westfalen inlaadt, to'n föfftigsten Geburtsdag

vun Mudders Vetter Klaus-Dieter, de dor wohnen dee. He wull dor in Kroog fiern, un mien Öllern schullen sik för de Nacht in den Kroog inlogeern. Achtig Mark schull dat kosten, pro Nees. Dor füng Mudder dat Argumenteeren an: Bi Klaus-Dieter, wenn de fiert, denn is dat ümmer so lustig. Wi fiert bestimmt bit Klock dree. Bit wi in't Bett sünd, is dat wohrschienlich veer. Un Klock acht mööt wi al wedder opstahn, dormit wi noch Fröhstück afkriegt. Also veer Stünnen Schlop för achtig Mark. Mookt pro Stünn twintig Mark. Ik verdeen jo bit Arbeiden blots teihn Mark de Stünn. Also mutt ik acht Stünnen arbeiden, üm dorvun veer Stünnen Schlop to kriegen. Ganz ehrlich: Dat schlop ik mi dorvun nich af. Ik bliev tohuus.
Un Vadder mit ehr. He weer so geern noch een beten ünnerwegens west, in de Johren, nahdem ik den Hoff övernohmen harr, aver mit Mudder weer dat nich to moken. Un alleen föhren, dat hett he ok nich trecht kregen. Wokeen schull em denn den Koffer packen? Also bleven se beide bit Huus un weren oftins een beten gnatschig miteenanner.

Dor bün ik, dor sünd wi anners. Mien Fru un ik, wi schlopt geern mol in’t Hotel. Dat hett wat. Ik föhl mi denn ümmer as so eene Ort Handlungsreisenden oder Sommerfrischler oder Rockstar oder so. Un nah’t Duschen treck ik in’t Hotel nie nich de Glaswand vun de Duschkabine af. Ik kiek mi ümmer düssen Gummilippenömmel an, de dor hangt, un denn denk ik: NEE!
Alleen düsse Ogenblick is achtig Mark wert. Oder etwa nich?

## Stuuv in't Krankenhuus

As uns Kinner lütt weren, geev dat bi uns in de Familie jüst so as in all de annern Familien een poor Regeln, de deelwies för uns Kinner nich recht intosehn weren. Ton Bispeel wullen wi nich, dat de Kinner toveel söten Kroom eeten schullen. Ok dorüm weren se fröher to un to geern bi mien Öllern, dor kunnen se Naschi freten, bit de Arzt keem. Eenmol müss he tatsächlich komen, aver dat is een anner Geschicht.

Een besünners populäre Nööt-Nugat-Creme geev dat bi uns blots an't Wekenenn un in de Ferien. Un, so glööv ik, oftins heemlich, wenn Mudder un Vadder jüst buten weren.

Uns fief Kinner sünd man all tohopen acht Johren utenanner, un een Tietlang meen mien Fru, wi schullen op Duer eene Stuuv in't Krankenhuus anmieten, so oft, as sik jichtenseen vun de Kinner jichtenswat kaputt stött harr. Eenmol, uns Dochter Carla güng noch nich to School, dor stünn se bi't Tähnputzen op de Toilette – fraag mi nich, worüm se bi't Tähnputzen op de Toilette stünn – jedenfalls is se denn daal fullen un hett sik den Kopp anstött. Wenigstens aver den Achterkopp, se hett sik de Tähnböst ton Glück nich in den Schlund rinwrangt. Verfehrt harr se sik, se blarr, de Kopp dä weh, un se müss spügen. Klor: Gehirnerschütterung. Ik heff ehr in't Auto sett un bün in de Stadt föhrt, nah't Krankenhuus.

Wi müssen een Nacht dor blieven, to Beobachtung. Wi kregen een Stuuv för uns, se un ik, mit Fernseher. Mit Mol güng ehr dat al veel beter, vun't Bett ut Fernseh kieken un ehren Vadder ganz för sik, keen anner Kinner, keen Köh; Vadder harr Tiet, blots för ehr alleen. Un dat Beste keem annern Morgen: Een besünners populäre Nööt-Nugat-Creme to Fröhstück. Wat för een Daag is hüüt?, hett Carla mi fraagt. Dingsdag, anter ik. Krankenhuus is jüst so schön as Wekenenn oder Ferien, sä se dor, un as wi later wedder in't Auto seten un nah Huus föhren, dor hett se mi fraagt, wat wi bald wedder in't Krankenhuus föhren kunnen; dat weer jawohl total cool dor. Fernsehen an't Bett un Nööt-Nugat-Creme to Fröhstück, un dat al merrn in de Week. Hammer!

Hüüt is Carla veeruntwintig Johren oolt un Krankenschwester in datsölbige Krankenhuus. Un Nööt-Nugat-Creme kann se eeten, soveel, as se mach, wann ümmer se will.

## Isabell

Över veertig Johren heff ik in Vereen Football speelt. As ik anfungen heff, 1976, weer ik acht Johren oolt. An't Enn vun de söventiger Johren weer ik een fanatischer Footballer. Natürlich wull ik Profi warrn.
Dormols weer dat total ungewöhnlich, dat Deerns Football spelen. De schullen rieden oder, wat weet ik, villich Rollschoh lopen oder övern Schweevbalken schweven. Dat geev keen Footballmannschaften för Deerns – alleen de Begriff föhlt sik seltsam an, wenn man dat hüüt so seggt: Mannschaft för Deerns – un wenn dor mol een Deern weer, de unbedingt in Vereen spelen wull, denn müss se bi de Jungs mitmoken. Ok wi harrn dormols een Deern in uns Team; wenn ik mi recht entsinn, hett se Isabell heten. Se weer lütt un zart un fien un harr lange, blonde Hoor. Dat Trikot un de Sportbüx weren ehr so wat vun to wiet. Se sehg dor in ut, as

keem se direkt ut „Liebling, ich habe die Kinder geschrumpft!“

Um ehrlich to ween: se kunn bi uns nich mitholen. Bi’t Training hett se mitspeelt, aver wenn wi Punktspeele harrn, weer se eher sone Ort Maskottchen un is eegentlich nich to Insatz komen. Liekers, een Tietlang weer Isabell ümmer mit dorbi, stünn bi den Trainer an de Siet un hett uns anfüert. Un, denn, eenmol, dor weren bi blots ölben Mann, also teihn Mann un Isabell, dor hett se mitspeelt, de ganze Tiet. Linksaußen. Keener hett op ehr acht, keener hett ehr för vull nohmen. Dat Speel leep an ehr vörbi; ik glööv, se hett nich eenmol den Ball hatt.

Kort vör Schluss stünn dat 1:1. Wi kregen een Eckball, de floog rin in den Strafruum, an all de Jungs vörbi, un an tweeten Pfosten, ganz alleen, stünn Isabell un hett dat Ding rinmookt, mit ehre erste Ballberührung in ehr erstet Speel.

Oh, wat hebbt wi jubelt un gröhlt un bölkt. Wi harrn gewunnen, 2:1, un Isabell weer unse Matchwinnerin! Wi hebbt ehr hochböört un in de Luft schmeten. Ik weet noch, dat ik

Angst harr, se wörr nich wedder rünner komen; de Wind kunn ehr wegweihen, so licht weer se.

Dat is miene letzte Erinnerung an Isabell. Möglicherwies is se tatsächlich nich wedder daal fullen un schweevt noch ümmer ünnern Heven.

Keene Ahnung, wat ut Isabell worrn is. Keene Ahnung, wat se dornah noch Football speelt hett. Villich hett se dat mookt, wat de meisten nich schafft: Opholen, wenn't an't Schönsten is...

## Uns Köters

Mien Vadder hett ümmer seggt: Op een Buernhoff höört een Köter. Jichtenseen Diert müss ja woll de Nahgeburt vun de Köh wedder ut den Misthupen kleihen. Un solang ik mi entsinnen kann, weer dor ok ümmer een Köter op unsen Hoff. Meist hett he Blacky heten, wat he nu schwatt weer oder nich. De erste Blacky, den ik noch in Kopp heff, weer lütt un hellbruun un hett jichtenswann dat Been in den Maishäcksler kregen. Dornah leeg he dree Weken op de Veranda un hett sik pleegt, un vun denn an leep he mit dree Been rüm. Langsamer is he dorüm nich worrn.

As ik negen oder teihn weer, kregen wi vun mien Patenunkel een Collie schenkt, de hett Semm heten. Eegentlich weer dat woll Engelsch, also Sam, aver mien Öllern kunnen keen Engelsch; also hebbt se Semm seggt. Un dat pass ok beter, denn Semm kümmt vun Semmel, un Semm weer tatsächlich dumm as

een Stück Brot. Wenn he eenmol rünner weer vun Hoff, is he nich wedder komen, un twars nich, wiel he weglopen wull – nee, he hett eenfach nich mehr nah Huus funnen. Doot bleven is he an't Enn, wiel he den Melklaster, as he op den Hoff keem, in de Rööd bieten wull. Hett he ok schafft, aver blots eenmol. Duer nich lang, dor harrn wi wedder een Blacky. De weer witt mit schwatte Punkten.
As ik denn 98 den Hoff övernohmen heff, weer dor keen Blacky mehr, de Kinner weren lütt, un Anfang vun düüt Johrhunnert weren wi sowiet un hebbt twee Familienköters anschafft: Zwieback un Matrix. Endlich harrn wi wedder Köters op den Hoff, un se harrn een langet, goodet Leven, bit dat nich mehr güng.
Annerthalv Johren weren wi ohn Köter, un ik funn dat gor nich schlecht. Dat is schwor noog, mol weg to föhren, wenn du Köh, Peer, Höhner un Katten hest, aver mit Köters is dat nochmol anners. Liekers, jichtenswann meen mien Fru, dat weer sowiet, wi bruken wedder een Köter. Se hett mi sogor fraagt, wat ik dorvun holen dä. Se hett aver nich tohöört, wat ik antert heff.

Intwüschen hebbt wi sogor twee. Pudels. Groote Pudels. Königspudels heet de. Friseert un onduleert sünd se ton Glück nich. Sünd eher Naturburschen. Belai un Dalem heet se. Se sünd nett. Ik mach ehr geern. Un jo, ik geev dat to: Af un to striekel ik ehr sogor.

Vadder harr Recht. Op een Buernhoff höört een Köter. Oder ok twee.

## Levkes achtteihnste Geburtsdag

Bi all de, de dorbi weren, is Levkes achtteihnsten Geburtsdag unvergeten. Dat weer in Januar 1985, wi harrn Vullmaand, buten leeg Schnee un dat weer iesenkolt.
Ik weer noch sössteihn, kort vör mien söventeihnsten Geburtsdag. Levke weer keen Fründin vun mi, aver wi kennten uns goot. Ehr Öllern weren ok Buern un gode Frünnen to mien Mudder un Vadder, un mit Levkes Bröder heff ik tosomen Football speelt. Un jo, ik weer inlaadt to ehre Party. Glööv ik jedenfalls. Se hett dat in ehr Öllernhuus fiert, un ehr Öllern weren nich dor. De weren sülven inladt, jichtenswo.
De Hoff vun Levkes Familie weer so üm un bi veer Kilometer weg, un Ingken un ik sünd dor to Foot hinlopen, dörch de knackige Küll. Ingken weer dormols mien beste Fründin, un ofschoonst wi nie wat miteenanner harrn, hett ehr Vadder mi een Tietlang „Schwiegersöhn“

ropen. Ok Ingkens Öllern weren Frünnen to Mudder un Vadder, un wenn ik mit weer, kunn Ingken länger op de Parties blieven. Ehr Öllern hebbt ümmer dacht, ik pass op ehr op.

As wi bi Levke ankeemen, weer de Party all kumplett eskaleert. Ik entsinn mi, dat dat nix mehr to eten un to drinken geev, aver de Fliesen in Flur un in de Wohnstuuv hebbt so dull kleevt, dat ik Angst harr, fast to backen, wenn ik to lang jichtenswo stahn blieven wörr. Överall legen Besopene rüm, in all de Ecken un Schlaapstuven un Betten un Baadstuven weren de Lüüd an't Fummeln, un twee weren jüst dorbi, een Hart mit ehre Nomens in dat Eekenholt vun de oole Anrichte to ritzen, de in de Wohnstuuv stünn. Denn, so entsinn ik mi, keemen Levkes Öllern nah Huus, Gruus un Entsetzen, totales Chaos, un in nullkommanix weer de Party vörbi.

Een Ogenblick later weren Ingken un ik wedder ünnerwegens nah Huus, to Foot, in Maandschien. De Schnee knirsch bi jeden Schritt, un luut sungen wi „Shout! Shout! Let it all out!“ tweestimmig in de iesenkoole Nacht, dat weer dormols de aktuelle Hit vun

Tears For Fears. De Maand un de Steerns hörten uns to. Ik weer sössteihn, meist söventeihn, un dor, op den olen Weg twüschen Nettelau un Stolpe, heff ik mi sülven wat versproken: Schull ik jemols Vadder warrn, nie nich wörr ik avends utgahn, wenn mien Kinner ehren achtteihnsten Geburtsdag fieert. Un ik heff dat dörchtrocken. Uns Älltste is nu negenuntwintig, de Jüngste eenuntwintig, un uns Hoff steiht noch. Ik weet ok, worüm. Wiel ik bi Levkes achtteihnsten Geburtsdag weer...

## Mien Mors

Eegentlich glööv ik, dat ik ganz goot versekert bün, dat wi ganz goot versekert sünd. All uns Autos sünd versekert, Haftpflicht un Kasko, de Treckers ok, de Kööh, de Peer, de Köters, un wi ok. Haftpflichtversekerung, Füer-, Storm-, Kranken-, Renten-, Huusrat-, Glas-, Rechtsschutz, Unfall-, Hagel-, wat weet ik. Eegentlich, so heff ik dacht, sünd wi dörchversekert. Aver nülichs is mi wat opfullen. Dat gifft een Mangel in mien, in unsen Versekerungsschutz.

Ik meen, ik denk nich so oft an mien Oma, Oma Kielerkamp, de Mudder vun mien Vadder, aver ik heff fröher oftins bi Oma un Opa schlopen, un wenn ik denn een beten tüffelig weer un wedder jichtenswat tohuus vergeten harr, hett Oma ümmer seggt: Man goot, dat dien Mors fast wussen is, anners wörrst du denn ok noch vergeten!

Un as ik annerletzt wedder an düssen Spruch vun

mien Oma dacht heff, is mi opfullen, dat mien Mors nich versekert is. Dorbi harr ik al för Johren in de Zeitung lest, dat J Lo, also Jennifer Lopez, de amerikaansche Sängerin un Schauspelerin mit den berühmten Mors, dat J Lo ehren Mors för 27 Millionen Dollar versekert harr. Ik heff dat nülichs nochmol googelt; dat is keen Spruch, dat stimmt. Wat ik mi aver fraagt heff: Wogegen versekert man sien Mors? Füer? Storm? Chili con carne? Diebstahl? Ik meen, stell di vör, du warrst morgens waken, un dien Mors is weg! Klaut! Oder jichtenswo vergeten. Du weerst los, wat weet ik, Kino, Disco, danzen, hest villich een beten veel drunken, un annern Morgen is de Mors weg, un du hest keen Ahnung, wo de afbleven is. Denn, dat is gewiss, freust du di, wenn dien Mors versekert is, un du kriggst een nieden, een, de villich noch beter in Schuss is as de ole. Gleitender Neuwert, segg ik blots, gleitender Neuwert.
Also ehrlich, mi is dat allens to unseker mit mien Mors. Glieks morgen roop ik mien Versekerungsfuzzi an un laat mien Mors versekern. Un den vun mien Fru, du, den erst recht.

## Nena

1982 weer ik veerteihn un merrn in de Pubertät. As Nena mit ehre Band ton ersten Mol in Fernsehen weer, in Musikladen, mit ehren roden Lellerminirock un de unraseerten Achseln, dor güng mi dat as all de Teenyjungs överall in't Land: Ik weer hin un weg un total in love. Ich hab heute nichts versäumt, denn ich hab nur von dir geträumt. Ich hab dich lang nicht mehr gesehn, ich werd mal zu dir rüber gehn. Un so wieder un so wieder.

In't Fröhjohr 1983 heff ik to Konfirmation vun mien Fründ Fritzer de Debut-LP kregen; de hett eenfach Nena heten. Op un daal heef ik ehr höört. Sogor dröömt heff ik vun Nena, mit ehr Schweetbänders un ehr Stirnband, un ehrlich, wenn di jichtenseen Kerdl, de 1983 twüschen dörteihn un sössteihn weer, vertellt, he harr dormols mit Nena nix an Hoot, he hett AC/DC un Motörhead höört, glööv em nich. He lüggt. Dat heele männliche Pubertätsvolk

in Dütschland weer vun Nena vertöövert, hett vun Nena swöögt, hett Nena sehn, wenn se de Oogen to moken.
Bit se dat erste Mol in een Talkshow weer. Ik weet noch, Klaus un ik seten vör den Fernseher, erst hett se sungen, allens weer wunnerbor, un denn sett se sik daal un füng an to schnacken. Nah een poor Minuten heff ik dacht, wannehr geiht de Musik endlich wieder, un Klaus sä: Jichtenswo mach ik ehr lever, wenn se danzt un singt, as wenn se sabbelt. Genau, sä ik.
Süh, un doran hett sik bit hüüt, veertig Johren later, nix, aver ok gor nix ännert.

## There is only now

(inspireert vun Tim Lothars Lovesong "There is only now", vun dat Album "More Stories", 2018)

de erste Kuss
ik seet op den Teeavend achter di un
as dat Licht utgüng
hest du di eenfach fallen laten un
weerst in miene Arms

de Weg vun de School
nah de Bushaltesteed
dat hett so dull regent
du harrst een Regenschirm un
hest mi inlaadt
bi di Schutz to finnen
so güngen wi
Siet an Siet
blots een poor Minuten
neger schullen wi uns nich komen
aver ik heff dormols al dacht
dat is een Lovestory

de dörchsabbelte Nacht
mit Tranen vun Glück
nahdem du mi dat erste Bild schenkt harrst
een Aquarell
vun twee Eekenbööm
de sik över de Straat weg
berühren doot
mit de Asten un de Bläåd
as wörrn se sik de Hannen holen

de lütte Ogenblick vör dien Öllernhoff
nahdem ik di nah Huus bröcht harr
mit Rad
du weerst so week in miene Arms
un ik so zart
fastholen wull ik di un
düsse Tiet
aver du weerst al op den Weg

de Sünndagsspaziergang mit di
nahmeddags wullen wi picknicken un denn
keem dat Gewitter
as wi endlich in't Dröge seten
op een Jägerhochsitt
to den wi lopen weren

harrn wi dat nich mehr so ielig
dor wedder weg to komen
as wi laat an Avend nah Huus föhren
weer dat al düster un wi
vull mit Glück

de Nacht in Schweden
in den Gaarn vun dat Ferienhuus
Hand in Hand legen wi
op den Rüch un keken
in den värmländschen Heven
de weer so wiet
so wiet

de Afscheed in't Auto
du hest mi nah dat Hotel föhrt un
ik striekel dörch dien Hoor
nu aver rut mit di
sääst du
sünst warrt dat gefährlich

danzen in't Düstern
in dat lütte Huus
ganz langsam
Arm in Arm

un Tom Waits sung
mit sien knarzige Stimm

de Blick ut dat Finster
op de Autobahn
Huut an Huut un
de Lasters dunnern vörbi
as de Tiet

un ümmer du
ümmer du
nackig
op dat Hotelbett in Paris
Schiet op den Eiffelturm
flüsterst du
Schiet op den Eiffelturm
un buten an de Zimmerdöör
hüng den ganzen Dag
dat lütte Schild

Do not disturb!

## Op de Hochtiet

As mien Fru un ik heiraat hebbt, harr ik nich veel Erfahrungen mit Hochtieden. Mien egen Hochtiet weer de drütte, op de ik weer. Un de erste vun Lüüd in mien Öller. Vörher weer blots de Vermählung vun mien Tante Rosi mit een Kette schmökenden Kieler Warftarbeiter un dat Fest vun ehren Exfründ, de sik een wunnerschöne junge Finnin angelt harr, mit een entzückenden Akzent. Bi düsse beiden Feste weer ik veerteihn. Denn keemen över Johren keen Hochtieden dorto, un as ik dreeuntwintig weer, kregen Birte un ik dat in Kopp un wullen heiraden.
Dorbi wüssen wi beide nich, wo dat güng. Jo, ik meen, du warrst fraagt, un denn muttst du jo seggen, wenn allens glatt löppt. Un dat leep all glatt. Birte hett jo seggt, un ik heff ok jo seggt. Denn güng dat mit de Familie erst to Meddag un Kaffee nah mien Öllern hin, ofschonst se gegen uns Heiraat weren, aver wat schasst moken, de Gören hebbt ja doch ehren eegen Kopp. Avends

denn de groote Party, nich in Kroog, nee, buten, op unsen Hoff, mit Lagerfüer un The Clash, aver leider nich live, nee, vun CD. Dor weren Masse Lüüd, jung un oolt, un veele harrn ehren Spoß. Twüschendörch harr ik null Ahnung, wo Birte weer, aver ik heff dacht, de steiht jichtenswo rüm un mookt Party, de warrt ja nich glieks an'n ersten Dag dörchbrennen. Dat dat een Hochtietsbruuk geev, dat jichtenswer de Brut in Kroog entföhrt, un de Brüdigam mutt ehr utlösen – dorvun harr ik in mien ganzet Leven noch nix höört. Jichtenswann keem jichtenswer un hett mi doröver opkloort. Birtes Bröder harrn ehr klaut, seten mit ehr in Dörpskrog un hebbt op mi töövt. Un töövt. Un töövt. Ümmerhin harrn wi noch een Dörpskrog, un ik wüss, wo ik söken müss.

As ik nah föhlte dree Stünnen endlich in den Krog ankeem, weer de Stimmung bi mien Fru al recht wiet ünnen. Dor harr se ok nich mit rekent, dat se een Grootdeel vun ehr eegen Hochtietsparty verpassen wörr. Wenn ik mi recht entsinn, hett se mi teemlich böös ankeken. Se is liekers bi mi bleven. Een Glück, segg ik ju, een grootet Glück.

## Överall un ümmer

Machmol glööv ik, de Pubertät geiht nie so ganz to Enn, nee, ik denk, in jedeen vun uns steekt ok ümmer noch een Jugendlichen in de Pubertät.
So heff ik tatsächlich in jichtenseen Interview mol vertellt, dat de erste Text vun mi, mit den ik faststellt heff, dat ik Lüüd to'n Lachen bringen kunn, een Schoolarbeit in Dütsch weer. Un nix doran is utdacht. Dat weer in de neegte Klass, un in Dütsch schullen wi een Text schrieven, över een Dag in dat Leven vun een Person, de wi uns utsöken kunnen. Mi is keen Minsch infullen, över den sien Dag ik schrieven wull, also heff ik – blöde Idee, dat geev ik to – schreven över eenen Dag in't Leven vun unsen Zuchtbullen. As de Tofall dat wull, hett Herr Kahl, unsen Dütschlehrer, an den annern Morgen mi opropen. Ik schull vörlesen. Un dat heff ik mookt. Un Herr Kahl kunn dornah ersmol nich wiedermoken mit'n

Ünnerricht, wiel he so an't Giggeln weer. Ik glööv, he harr sogor Tranen in de Ogen.
Ümmer wedder warr ik op düsse lütte Anekdote anschnackt; veele Lüüd fraagt mi nah düssen Text. Un ik mutt seggen: Ik heff em nich mehr; he is verschollen.
Aver ik kann seggen, worüm dat güng. Ik weer veerteihn un merrn in de Pubertät. Eegentlich wull ik blots eens: Sex. Un nix weer dormols in mien Leven wieder weg as Sex, afsehn vun mit mi sülven, aver dat weer ok jichtenswo trostlos. Insgeheim heff ik unsen Zuchtbullen bewundert. Ik meen, klor, he weer nich blots insparrt, he weer anbunnen, he weer niemols frie un kunn nie över de Wischen un dörch dat Gras lopen. Aver he harr, anners as ik, Sex, meist jedeen Dag, jo, he weer för nix anners dor as Sex to hebben. Strickhalfter üm, ran an de Führstang, rut ut den Stall, rop op de Koh, fardig. Wat för een wunnerboret Leven dat weer, in miene Vörstellung, dormols, veerteihn Johren oolt un vull mit Sexualhormone! Schiet op Frieheit, schiet op Wischen, schiet op Gras, ik will Sex!

Süh, un ik bün mi seker, dat is, wat all de Lüüd interesseert an miene Schoolarbeiten vun circa 1982: Sex! Ik segg ja: Wi sünd all in de Pubertät. Överall. Ümmer. Jedenfalls een beten. Oder etwa nich?

## Pannkoken

As ik vör över dörtig Johren mit mien Fru tosomen keem, weer ik een teemlich normalen jungen Buern. In de Kööк kunn ik nich veel wat anners as blots eten. Ik meen, ik wüss, dat een bi de Tiefköhlpizza de Folie afmoken müss, vör man se in Backoven schüfft, aver veel mehr ok nich. Denn heff ik mien Fru kennen lehrt. Wi weren noch een frischet Paar, dor sünd wi dat erste Mol tosomen in Urlaub föhrt, nah Dänemark, in een Ferienhuus. As wi dörför inköpen wullen, hett Birte mi fraagt, wat ik denn mol koken wull. Hä, heff ik antert. Dor hett Birte wüsst, dat se an mi een Bildungsopdraag harr.
In düssen ersten Urlaub hett se mi de ersten twee Gerichte bibröcht. Nudeln mit Tomatensoos un Pannkoken. Intwüschen heff ik orntlich dorto lehrt, aver düsse beiden Gerichte kann ik ümmer noch butenkopps. Un bit hüüt bün ik in uns Familie de Pannkokenbäcker.
Anfungen bün ik mit veer Eier, een Viddel

Liter Melk, Mehl un Zucker nah Geföhl. Mit de Tiet keemen een twee dree veer fief Kinner, un de Mengen wörrn grötter. Acht Eier, halve Liter Melk. Twölf Eier, dreeviddel Liter Melk. Blots Mehl un Zucker bleev ümmer gliek: nah Geföhl. Blangenbi weer ik an de Daag, de dat Pannkoken geev, ok dorför tostännig, avends los to föhrn un Currywust Pommes to holen; denn nah so een sötet Meddageten wullt du avends nix anners as wat richtig Deftiget. An besten een halvet Schwien op Toast.
Een nah den annern trocken de Kinner denn ut un de Verarbeidungsmengen för de Pannkoken güngen wedder rünner. Nu sünd wi dree bit veer, un ik nehm söss Eier un dreeachtel Liter Melk. Intwüschen Hafermelk, denn Birte kann keen Kohmelk mehr af, un uns Dochter will ut weltanschauliche Gründe keen Kohmelk mehr. Un dat mi, as Melkbuern! In anner Kulturen weer dat okay, de beiden ohn Eeten un Drinken in de Wüste uttosetten. Aver ik schwieg still un mook Pannkoken. Mit Hafermelk. Ik bün ja tolerant, du, ik bün ja sowat vun tolerant!

## Dat nenn ik Platz

Wenn du hier bi uns Touristen schnacken hörst, över uns Land, denn seggt se oftins, oh, wat hebbt de dat goot hier in'n Norden; hier is ja man soveel Platz! Ik meen, klor, wenn du ut den Pott kümmst, ut, wat weet ik, Bochum, Essen, Dortmund, dat is ja all een Hupen dor, denn is in Schleswig-Holstein würklich veel Platz. Aver dat gifft ok Lüüd, de is dat hier al to eng. Ik heff een Fründ, de hett dat hier nich mehr utholen, to veele Lüüd, un is nah Schweden utwannert. Kümmt even ümmer op an, wat dat för een sülven bedüüt, to eng oder Platz noog.
Köttens heff ik mit een Kolleeg schnackt, de hett as jungen Mann för een half Johr op een Farm in Kanada arbeit, wiet weg vun allens annere, in Alberta. He sä, sien Chef hett em mol losschickt, Ersatzdeele för een Trecker holen, un de Wegbeschriebung weer: Du föhrst twee Stünnen liekut un denn twintig

Minuten rechts, dor is de Warksteed. Un he hett dat funnen! He is los föhrt, nah twee Stünnen keem de erste Stratenkrützung, he is rechts af, un nah twintig Minuten weer dor de Warksteed. Dat is Platz, find ik.

He vertell ok, he harr sik in Alberta een ool Auto köfft, een Pontiac. De hett twintig Liter Sprit op hunnert Kilometer bruukt. Föfftig Liter güngen in den Tank rin, un de Tanke weer hunnert Kilometer weg. Wenn de Tank half vull weer, is he hin nah Tanke föhrt, hett vull tankt, is nah Huus föhrt, un de Tank weer wedder half vull. He kunn glieks wedder ümdreihen un nah Tanke hin föhrn. Hin un her, hin un her, ut de Nummer kümmst ja gor nich wedder rut.

Ik bün noch nie in Kanada west, aver in mien Lütt-Matten-Kopp stell ik mi nu vör, dat all de Lüüd, de mit ehre Autos in Kanada op de Straten ünnerwegens sünd, entweder nah Tanke hin föhrt oder nah Huus oder wedder hin nah Tanke. Un mi fallt in: Ik heff tohuus een Bildband mit wunnerschöne Fotos vun Autowracks, de in Nordamerika an Stratenrand staht un langsam wegrosten doot. Un nu

denk ik: All düsse Autos sünd gor nicht kaputt. Blots de Tank is leddig, un se töövt dorop, dat jüm ehre Besitzer wedder koomt, mit een groten Kanister vull Sprit. Aver se koomt nich. De Tanke is to wiet weg. Oder se find ehr Auto nich wedder. Oder se warrt ünnerwegens doot schoten. Oder starvt eenfach so, wiel dat even so wiet is.
Dat nenn ik Platz.

## Radföhren

As ik Radföhren lehrt heff, weer mien Vadder besopen. Ik weer söss Johren oolt; wi harrn een Sünndag in Sommer 1974. De dütsche Nationalmannschopp speel gegen Holland üm de Footballweltmeisterschopp, un mien Vadder seet mit een poor Kerdls un een poor Beer vör den Fernseher. Mudder weer in de Köök to Gang, koken, backen, wat weet ik. Ehr Schwester ut Hamburg, mien Tante Rosi, weer to Besöök. Se harr keen Interesse an Football un hett mit mi den ganzen Nahmeddag Radföhren öövt. Ümmer wedder hett se mi Anschubs geven, op unsen Hoff, bargdaal, un jichtenswann hett dat Klick mookt, bi mi, un ik kunn dat. Mann, wat weer ik stolt! Mien Vadder keem rut, in Vörgaarn, to pissen, un ik reep: Papa, ik kann radföhren! Jo, sä he, un Dütschland is Weltmeister!

Aver opstiegen un liekut radföhren köönen is dat eene. Dat bedüüt aver noch lang nich, dat du radföhren kannst. Denn een poor Daag later hett mien Broder mi mitnohmen, to Dörp, to Fru Stender ehren Laden. De Dörpstraat in Stolpe geiht recht steil bargdaal, un to Fru Stender müss een links afbegen. Mien Broder, fief Johren öller un natürlich vull fit op Rad, hett sik rollen laten un in de Kurv leggt. Ik wull achterran, aver bremsen harr ik noch nich lehrt, un in de Kurv leggen ok nich. Ik bün mit vull Stoff schräg liekut gegen den Kantsteen knallt un heff mi överschlogen. Dat Rad weer twei, mien Knee opschlogen, ik heff blött as een Schwien un blarrt, blarrt, blarrt. Mien Broder is denn mit mi rin nah Fru Stender. De wull bi mien Mudder anropen, dormit se mi afholen schull, aver Mudder güng nich an't Telefon. Also is mien Broder los föhrt, üm Mudder to holen, un ik heff wieder blarrt. Denn geev Fru Stender mi een Snickers, un ik höll op to blarren un heff Snickers eeten. Bit de Snickers all weer, denn müss ik wedder blarren, un ik heff den nächsten Snickers kregen. Bit Mudder mit mien Broder nah een halve Stünn endlich bi Fru Stender ankeem, harr ik de Snickers-

Sirene erfunnen. Eeten – hulen – luder hulen – eeten – hulen – luder hulen – eeten un so wieder un so fort. Bit ik afhoolt wörr, harr ik fief Snickers weg.

Vun dor an weren miene Kneen för de nächsten poor Johren opschlogen, so as all de Kneen vun all de Kinner dormols. Wat weer dat ümmer för een Spoß, den drögen Schorf aftopuken, un dor ünner keem de zarte rosa Huut ton Vörschien. Un de Schreck, wenn dat doch noch nich towussen weer, un du pukst den Schorf af, un dor keem noch Bloot!

Mit de Tiet jedenfalls wörr dat beter mit dat Radföhren, un mit Rad weer de eenzige Möglichkeit, jichtenswo hin to komen, wenn du unafhängig ween wullst, as jungen Minschen, op Land. Mit achtteihn bruukst du een Föhrerschien un een Auto, aver vun söss bit sössteihn (wenn du een Moped hebben wullst) oder vun söss bit achtteihn (ohn Moped) weerst du ohn Rad verloren. Ik weet noch, mien Fründin Iris harr mit sössteihn een Uttuschpartnerin ut Frankriek, ut Paris, Madeleine, un de kunn nich radföhren! För uns Dörpskinner weer dat unvörstellbar, sössteihn to ween un gesund un nich radföhren köönen! Dree Weken weer se hier, un dat weer uns Projekt in düsse Tiet, Madeleine dat Radföhren bitopulen. Un wi hebbt dat trecht kregen! De Dörpstraat, bargdaal, Anschubs geven, un denn müss se dormit lang! Dat, woför wi teihn Johren bruukt harrn, bargdaal susen, in de Kurv leggen, koppheister gahn, friehändig föhren, wat weet ik, kreeg se vun uns in dree Weken Intensivkursus bibröcht. As ehre Reise trüch güng, nah Paris, weren ehre Kneen opschlogen un vull mit Schorf. Aver se kunn radföhren!

## Poesiealben

As ik to School güng, geev dat noch Poesiealben. Ik weet gor nich, wat de hüüt kumplett utstorven sünd. Aver as uns Kinner to School güngen, harrn se al keen Poesiealben mehr. Dor geev dat Frünnschoppsböker. Kunnst du Fotos inkleven un büst nah dien Lieblingseeten, Lieblingsfilme, Lieblingsmusik, Lieblings-wat-weet-ik fraagt worrn.
De Deerns in mien Klass, de harrn noch Poesiealben. De Jungs nich, dat weer wat för Deerns, aver manche Jungs – de hübschen, glööv ik – dörpten dor rin schrieven. Ik weer woll nich hübsch noog. Oh, wat heff ik mi wünscht, mol in een Poesiealbum to schrieven. Ik harr mi sogor al wat överleggt:

Wenn die Flüsse aufwärts fließen,
wenn die Hasen Jäger schießen,
wenn die Mäuse Katzen fressen,
dann erst will ich dich vergessen.

Dat wull ik denn op de linke Siet schrieven. Un op de rechte:

Zur Erinnerung an deinen Mitschüler
und Jugendfreund
Matthias Knut Stührwoldt
genannt Maddi

Leider heff ik in mien ganzet Leven nich een Poesiealbum in de Hand kregen. Ton bekieken jo, aver nich ton Rinschrieven. Dor tööv ik hüüt noch op. Un jichtenswo heff ik noch dat ole Poesiealbum vun mien Mudder liggen. In Rosa. Vull mit Indräge vun Lüüd, de lang doot sünd. So as mien Mudder lang doot is. Aver ehr Poesiealbum is noch dor. Un ik warr dat nich wegschmieten, so veel is mol klor. Ik bün ja nich so de Wegschmieter.
As ik sössteihn weer, heff ik opholen, dorvun to drömen un dorop to töven, in de Poesiealben vun Deerns rin to schrieven. Nee, dormols heff ik anfungen, Dagbook to schrieven. Ik mook dat hüüt noch, 38 Johren later, unregelmäßig twors, aver ohn mien Dagbook föhr ik narms hin. Un as ik so twintig weer, harr ik een Poesiealbum. Dat

weer een schwattrode Chinakladde, de ik Frünnen – meist Deerns, dat geev ik to – geven heff; se schullen mi dor wat rinschrieven, egol wat, aver för mi. Ik entsinn mi, ik weer in de landwirtschaftliche Lehrtiet, tosomen mit Irmgard un Christine in de Berufsschool. Irmgard hett mi een Gedicht schreven över een Radtour in Nevel, un Christine över een Utflug nah Niemünster, den wi mookt harrn, mit de Berufsschool. Niemünster is nich schön, un sinngemäß hett Christine schreven, dat sülvst de hässlichsten Ecken op uns Welt schön ween köönt, wenn een dor mit Lüüd tosomen is, de een geern mach. Fründschopp un Leevde mookt de Welt schöner, egol, wo een is, op de Welt, ünnern Heven, soveel heff ik verstahn. Un oft, so oft in de letzten 35 Johren heff ik an düssen Indrag vun Christine dacht. Se is hüüt Grundschoollehrerin in Frankfurt. Af un to schrievt wi uns.

De ole Chinakladde is verloren gahn. Beter seggt, ik heff ehr nich trüch kregen. Ik harr ehr mien Schoolfründin Natascha geven, ton

Rinschrieven. Jaja, hett se seggt, un de Chinakladde insteken. Dat weer 1988, in't Fröhjohr, in Göttingen.

Vadder hett doch recht hatt. He sä ümmer: Jaja heet – klei mi an Mors.

## In Schweden bi Nacht

Negenteihn weer ik un jüst fardig mit de School. Vör miene Lehre losgüng, bün ik mit miene erste Leevde Uta för teihn Daag nah Schweden föhrt. Föhrerschien harr ik al, aver noch keen Auto. Ik heff mien Öllern fraagt, wat ik ehren Golf hebben kunn, un se hebbt ja seggt. Dormols harrn wi blots een Auto, un mien Öllern müssen solang mit den Trecker inköpen föhren.
Ik harr vörher noch nie nich in't Utland Auto föhrt, un nu müss ik glieks dörch twee frömde Länner föhren: Dänemark un Schweden. Wi hebbt de Nachtfähre nohmen, de weer Masse billiger, vun Greena nah Varberg. Op dat Schipp harrn wi jichtenswo rümseten, un as wi in Schweden ankomen weren, weer Uta mööd un is denn bald toschlopen, op den Autositz blangen mi. Dat weer merrn in de Nacht, ganz düster weer dat nich, aver ok nich hell, de magische, witte schwedsche Som-

mernacht. Wi wullen nah dat Huus vun eene vun Mudders Kusinen, un ik harr mi opschreven, in welke Richt ik föhren müss. Hellwaak weer ik, mien Schweden-Mixtape leep ümmer rund, so föhr ik dörch de wilde schwedsche Landschopp. Bald weren wi ganz alleen op de Straat, un dat Blinklicht vun een eensamen Bahnövergang keem neger.
Dat ik Föhrerschien mookt harr, weer noch nich so lang her, un in de Fohrschool harr ik lehrt, dat een bi Blinklicht an Bahnövergang anholen müss. Dat heff ik daan, un dat Auto utstellt. Uta schleep  wieder, un dor keem keen Toog. Ik heff mi wunnert. De Bahnövergang harr ok Schranken, un de bleven boben. Ik steeg ut un keek links un rechts de Bahnschienen lang, aver wiet kunn ik nich kieken, se schlängeln sik so weg. Ik füng an, mi to fragen, wat dat in Schweden woll normal is, dat dat Blinklicht de ganze Tiet blinken deit. Villich, so dach ik, schull ik eenfach to föhren, aver an’t Enn weer ik bang, een Toog wörr komen un uns övermarmeln, un mien Öllern müssen denn för den Rest vun ehr Leven mit den Trecker inköpen föhren.

Ik wull jüst in mien Reiseföhrer nahkieken, wat dor wat över Bahnövergänge in Schweden stunn, dor reet mi een Laster ut de Gedanken, een vun den riesigen schwedschen Trucks. Mit Vullgas neih he de Straat lang, wessel kort vör mien Auto op de anner Spur, is nich een beten langsamer worrn, un as he an mi vörbi dunner, hett he mi anhuupt mit de luutste Huup, de ik jemols höört harr. Okay, heff ik dacht, dat heet woll, Blinklicht an de schwedschen Bahnschranken blinkt ümmer. Ik steeg in un föhr ton ersten Mol in mien Leven över een Bahnövergang in Schweden. Een beten bang weer ik liekers noch.

Uta weer nu ok wedder waak, un gemeensam rullen wi dörch de magische, witte schwedsche Sommernacht.

## Sporsam un effektiv

In mien Familie, so veel kann ik seggen, is Sporsamkeit, Effektivität un Nahhaltigkeit al ümmer wichtig west. Un du musst di to hölpen weten. Dat all hett sotoseggen Tradition. Fröher al. Mien Unkel Kalli ton Bispeel, de weer Buer un Jägersmann un hett sien Geld ümmer tohopen holen. Mien Vadder hett mol vertellt, dat Kalli, wenn he Anten scheeten wull, ümmer solang töövt hett, bit twee achtereenanner seten, dat he mit eenmol Scheeten twee Anten harr. Dat nenn ik sporsam.
Oder mien Opa. Siet eenen Unfall bi't Sensendengeln weer he blind op dat eene Oog. Aver wat schall ik seggen: He kunn mit dat eene Oog jüstso goot schlecht kieken as anner Lüüd mit twee Ogen. Dat nenn ik effektiv.
Vadder hett ümmer seggt, du kannst ruhig blöd ween, du musst di blots to hölpen

weeten. He weer jo man lütt, Handbreet grötter as een Schwien, sä Mudder ümmer. Vadder weer, as mien Broder Konfirmation harr, meist een Kopp lütter as mien Broder un mien Mudder, aver op dat Konfirmationsfoto vun de dree weren se all liek groot. Vadder stünn op de Stufen hin nah uns Veranda eenfach een Tritt höger. Op dat Portraitfoto sühst du dor nix vun. Un dat Foto vun wieder weg hett Vadder eenfach versteken. He wüss sik to hölpen.

Un Mudder? Nah ehren Doot hebbt wi dat Olendeel renoveert. Dorbi hebbt wi faststellt, dat all de Regalbreed in de Kökenschappen vun ünnen schietig weren. Nu stell ik mi vör, dat Mudder jichtenswann dacht hett, dat se de Regalbreed mol afwischen müss. Aver denn hett se mitkregen, dat de Breed vun ünnen jo noch sauber weren. Also hett se de eenfach ümdreiht. Keen Spölmiddelinsatz, keene Ümweltbelastung, nix. Dat nenn ik nahhaltig.

Dor will ik nich trüchstahn. Nülichs heff ik mit mien Trecker een Silorundballen in den Kohstall föhrt, un denn is mi de Rundballen ut de Frontladertang rutscht un daal fullen. Un, glööv dat oder glööv dat nich, ik heff dat schafft, mit een Rundballen de Lampen vun den Trecker, eene Schüffel, eene Fork, een Bessen un een Kohschrotemmer kaputt to moken. Mit een Rundballen! Dat nenn ik effektiv. Ik meen, mien Mitarbeiter hett seggt, ganz schön doof. Aver, hey, de hett keen Ahnung.

## Tee in't Kökenschapp

Dat kennt ji bestimmt: In't Kökenschapp sammelt sik över de Johren ja so allerhand an. Jichtenswann is dat sowiet, un du musst denn mol oprüümen. Hett mien Fru nülichs mookt. So, hett se seggt, nu rüüm ik mol all de Teepackungen rut, un wat wi nich mehr bruken doot, schmiet ik weg!
Un denn hett se anfungen! Jungedi, wo veel Tee wi harrn, un wat vör verschedene Sorten! Modernen Kroom mit so Wellnessnomens as „Freu di“, „Schloop schön“, „Hool di Kraft“, „Pups di rein ut“, aver ok billigen Hagebuttentee, ofschonst mien Fru un ik unafhängig vuneenanner beide in de achtiger Johren op Klassenfohrt in schedderige Jugendherbergen weren un sietdem för den Rest vun uns Leven noog hebbt vun dünnen Hagebuttentee ton Avendbrot.
An't Enn hebbt wi blots wenig Tee wegschmeten. Wi hebbt uns Kinner un mien

Schwegermudder Bescheed seggt, de sünd komen un hebbt sik wat utsöcht, wat nu in jüm ehre Kökenschappen dorop töövt, jichtenswann utsorteert to warrn. Torüch bleev ton Schluss blots eene Tüüt Kandis, een poor angebrokene Teesorten un eene Packung originolverpackten Brennnetteltee.

Süh, un düssen Brennnetteltee heff ik mi genauer bekeken. Is noch een Priesschild op vun den Bioladen Grell in Nordörp, Kreis Rendsburg-Eckernfööör, in de Mitt vun Schleswig-Holsteen, noch mit een veerstellige Postleittahl dorop. Eene Mark un ningtig Penn. Verwendbar bis: 31. Dezember 1993. Wenn du Tee nied köpen deist, is he meist so twee Johren haltbor. Ik gah dorvun ut, dat ik düssen Tee köfft heff, as ik noch Junggesell weer, un mien Fru un ik sünd över dörtig Johren verheiraat. Sietdem sünd wi tweemol ümtrocken, hebbt fief Kinner kregen, de Jüngste is jüst twintig worrn, un in uns Leven harrn wi veele gode un ok een poor leege Tieden, un dat all mit eene Tüüt originalverpackten Brennnetteltee in't Kökenschapp. Un nu harr ik düsse Tüüt in de Hand un wull ehr wegschmieten.

Vörher aver heff ik googelt, wofför Brennnetteltee eegentlich goot is. Dor stünn: allerbest gegen Blasenentzündung, Rheuma un Menstruationsbeschwerden. Un, wat schall ik seggen, siet över dörtig Johren heff ik keene Probleme mit Blasenentzündung, Rheuma un Menstruationsbeschwerden. Villich, so heff ik dacht, villich mutt een düssen Tee gor nich drinken. Villich langt dat, wenn een em in't Huus hett, originalverpackt ganz achtern in't Kökenschapp. Ganz still un liesen heff ik den Brennnetteltee dor wedder rin packt. Aver – psst! – vertellt mien Fru nix dorvun!

# Bob Dülane

Thorsten hett he heeten. He weer een poor Johren öller as ik, is al Moped föhrt, as ik noch dorvun dröömt heff. He weer de typische Mofarocker: schwatte Lellerjack, Jeanskutte doröver mit Opneihers vun AC/DC un Motörhead. Blonde, lange Locken un een dünnen, blonden Överlippenbort. He weer in de Jugendfüerwehr aktiv. Dat weer unsen Berührungspunkt. Ik weer twors nich in de Jugendfüerwehr, aver miene besten Frünnen weren dor, un so kennten wi uns, Thorsten un ik.

Lange Johren harr ik nich mit em schnackt. Af un to heff ik em dropen, bit Inköpen oder so, un wi nicken uns to. Un denn stünn he een goden Dag bi'n Dörpsflohmarkt op den Marktplatz vun't Naverdörp un hett siene olen LPs verköfft. Dor bleev ik stahn un heff de dörchkeken. Nich schlecht sorteert, natürlich veel Testosteron-Kram, wat Jungs, wat Mofarockers so höört hebbt in de fröhen Achtziger:

AC/DC, Motörhead, Status Quo, Judas Priest, Iron Maiden. De meisten Platten in goden Tostand. Dor harr eener oppasst op siene Plattensammlung. Ik heff de dörchbläddert, un he keem doröver to: „Jaja, de olen Tieden...“, sä he. Worüm verköffst du de Platten?, fröög ik. „Hör ik doch nich mehr...“, anter he: „Kiek mol, ganz achtern is ok noch wat vun Bob Dülane. Sowat hörst du doch bestimmt!“
Ik müss grienen. Bob Dülane. Kort heff ik överleggt, em to verbetern, aver keener mach Klookschieters. De meisten vun siene Platten harr ik al, aver eene heff ik em afköfft. Twee Euro heff ik betahlt. Velen Dank un seh to, sä ik, as ik güng.
Een poor Weken later heff ik dat nächste Mol vun Thorsten hööört. Sien Fru harr een annern Kerdl; dor kunn he nich mit üm. He hett sien Kinner Tschüß seggt, sik in’t Auto sett un is twee Kilometer wieder mit hunnerttwintig gegen een Boom föhrt. Mit Afsicht.
Wenn du so wat hörst, kannst du nich veel seggen. Du büst spraaklos. Totalet Entsetzen. Fragen över Fragen. Un keen Antworten.
Dat is villich teihn Johren her. Wenn ik an

Thorsten denken do, fallt mi toerst in, wo he sik ümbröcht hett. Glieks dornah denk ik „Bob Dülane“. Un denn an de Platt, de ik em afköfft heff: „The amazing Kamikaze Syndrome“ vun Slade. Un dat is keene Pointe. Dat is de Wohrheit. So wat denkst du di nich ut.

## Truck Stop

Ümmer wedder find ik dat phänomenal, wat ut de Kinnertiet bi de Lüüd hangen blifft. Mien Oma to Bispeel kunn etliche Volksleder butenkopps, un nich blots den Refrain, nee, ok all de Strophens. Un een ganzen Hupen Gedichte noch dorto.

Bi mi is dat anners. Ik heff Truckstop in Kopp.

As ik een Jung weer, so teihn, ölben Johren oolt, dor güng ik in Plön to School un müss Klock söss opstahn, wiel viddel vör söven de Bus güng. Mudder weer denn ümmer al an't Melken un keem gau rin, üm mi to wecken. Dorto müss se blots den Stecker vun dat Kökenradio in de Steckdoos steken. Denn leep dat Radio los, un ik bün boben in mien Stuuv ut Bett fullen. Opstahn, antrecken, rünner, Fröhstück eten.

In unse Kköök leep NDR, den ganzen Dag. Dat Nordmende-Radio op dat Wandregal weer

oolt un kaputt. Also nich würklich kaputt; dat speel ja, aver blots NDR un blots luut. Dat güng nich mehr uttostellen; de Knoop dorför weer twei. Ok den Sender kunnst nich verstellen, kunnst dreihen an dat Rad; dor röhr sik gor nix. Un liesen güng ok nich, blots ganz luut – wenn du den Luutstärkeregler verstellen däst, denn kruschel un schnarr dat blots; Musik geev dat blots, wenn bit ton Anschlag nah rechts dreiht weer. Aver sünst weer allens allerbest.
Morgens, ton Kinner wecken, hett Mudder den Stecker in de Steckdoos steken un avends as letztes wedder ruttrocken. Un ümmer leep dor Truckstop. Dat weer mien Kindheit: Truckstop, maximale Luutstärke, in't Kökenradio.
Ik meen, siet över veertig Johren heff ik nich mehr Truckstop höört, aver de Songs kann ik deelwies noch butenkopps. Take it easy, altes Haus, wer morgens länger schläft, hälts abends länger aus. Un dat Klock söss morgens in de Köök, wenn du jüst opstahn büst, üm nah School to föhren! De Musikredakteur vun NDR dormols, de weer bestimmt Sadist, dat

segg ik ju. Aver ok all de annern Truck Stop Songs sünd inbrennt in mien Bregen! Ich möcht so gern Dave Dudley hörn! Der wilde wilde Westen fängt gleich hinter Hamburch an, in einem Studio in Maschen, gleich bei der Autobahn!

Eenmol harr ik een Optritt bi de Landfruens in Maschen. Dor, achtern Tresen vun de lütte Mehrzweckhall, hüng eene Autogrammkort vun Truck Stop. Mit Ünnerschriften! Ik heff fraagt, wat ik de kriegen kunn, ik weer een olen Fan. Jo klor, sä de Fru achtern Tresen, ik heff noch tweehunnert Stück dorvun. Woveel wullt du hebben? Twintig? Eene is noog, sä ik. Aver se lang mi fief röver. Jichtenswo harr ik den Indruck, se wull ehr los warrn.

Egol. Ik heff nu eene, nee, ik heff fief Originalautogrammkorten vun Truck Stop! Bam!

## Wi weren dorbi!

Wat veele musikalische Highlights angeiht, weer ik to laat. As The Who „My generation“ sungen hebbt, weer ik noch nich mol een Pogg in Diek. As de Beatles sik oplöst hebbt, harr ik noch een Windel üm. As Elvis doot bleev, heff ik mit Lego speelt, un as Punk nah Dütschland keem, heff ik jüst dat erste Mol Trecker föhrt. Ümmer weer ik to jung oder to doof oder mit annern Kraam beschäftigt un müss achteran düsse wunnerbore Musik entdecken, müss mi de richtigen Platten utsöken un allerhand Musikmagazine lesen, üm klook schieten to köönen.

Eenmol aver weer ik dor. Dat is nu över veertig Johren her. An 21. November 1981 hett Ideal, een vun de stilprägenden Bands vun de Niede Dütsche Well, in Kiel speelt, in't Ball Pompös. Un ik weer dorbi, tosomen mit mien Frünnen Tissy un Jochen.

Jochen weer jüst veerteihn worrn, Tissy un ik weren noch dörteihn. Ik glööv, Jochens Vadder hett uns nah Kiel föhrt, in sien BMW, vun den he mi ümmer vertellt hett, wörr he Flugbenzin tanken, dat de denn flegen kunn. Aver ok an düssen Avend weer dor keen Flugbenzin in.

Un denn stünnen wi dor, erst buten in de Schlange, un denn in den Saal, dat weer vull un eng un hitt; ik wüss nich, wohin mit miene düsterblaue Steppjack, also heff ik ehr anbeholen, ik heff schweet as een Peerd un stunken as een Iltis, aver egol, dor weren Ideal, Annette Humpe mit ehr Kapitänsmütz und Effjott Krüger, de schnellste Rhythmusgitarrist överhaupt. Dat weer luut un wild, wat för een geilen Krach, un in de Menge vör de Bühne schwappen wi hin un her, as weren wi Water. Veel to gau weer dat vörbi, un wi stünnen wedder buten vör't Ball Pompös, mööd, afkämpft, aver glücklich un överdreiht. Villich hett Tissys Vadder uns afholt, villich ok Tissys Broder mit Mokick, dreemol hin un her, villich hebbt wi noch een Cola drunken oder een

Snickers eeten. Weet ik all nich mehr, aver wat ik weet, is: Ideal, düsse groote Band, de dat blots vun 1980 bit 1983 geev, Ideal hett in Kiel speelt, un Jochen, Tissy un ik, wi weren dorbi!

## Ünnern Heven

And above us only sky. Dat is mien leevsten Vers ut John Lennons insgesamt recht kitschige Hymne Imagine. In de engelsche Spraak mookt se jo den Ünnerscheed twüschen „heaven" un „sky". Sky is eenfach dat, wat du sühst, över uns, un „heaven" is dat, wo manche Lüüd glöövt, dat wi hin koomt, wenn wi doot sünd un wi weren gode Minschen. De schlechten koomt natürlich in de Höll.
Geern stah ik jichtenswo un kiek in Heven, jüst hier in Norden, wo wi in de Regel jo jede Menge Heven hebbt. An Dag, in de Nacht, de Sünn, de Wulken, de Maand, de Steerns, egol – eenfach kieken un sik wunnern över de Schönheit över uns, un för mi, de ik nich an Gott glöven do, is dat nich heaven, dat is sky. Liekers tröst mi de Blick nah boven. Ok wenn ik mol een schietigen Dag heff, un allens geiht mi op de Nerven – wenn ik dat schaff, mol even stahn to blieven un nah boben to kieken,

denn seh ik gau, wo lütt ik bün un wo lütt miene Probleme sünd, in düsse Welt, ünner düssen Heven. Ik bün de Sünn egol, un ik bün den Mond egol. Un seltsamerwies is düsse Erkenntnis nich schlimm, in Gegendeel, se gifft mi Trost. Worüm, weet ik ok nich, aver is so. Lever nich toveel doröver nahdenken.
As ik een jungen Mann weer, dor harr ik een besten Fründ, Peter, de hett in Nordrhein-Westfalen wohnt, in Langenfeld. Een Tietlang hebbt wi uns Breefen hin un her schickt, as dull, jeden tweeten Dag harr ik een Breev vun em, un an de annern Daag kreeg he een Breev vun mi. Dormols, dat mutt ik woll dorto seggen, keem de Post noch jeden Dag. Un in een vun düsse Breefen hett Peter schreven: Wenn hier de Maand schient un ik kiek nah boben, un wenn bi di de Maand schient un du kiekst nah boben, denn kiekt wi beide op densülvigen Maand! Ik meen, Kitsch, logo, aver mi hett dat holpen, dörch de bescheetene Pubertät to komen. Klor, Pubertät weer ok geil, natürlich, aver se weer ok bescheeten. Dat is ja de Krux mit dat ganze Leven. Dat is ümmer allens togliek: schön un hässlich, goot

un schlecht, op un daal, Glück un Pech. Oder Unglück.
Natürlich heff ok ik mi fraagt, wat dat okay is, in Tieden vun Krieg un Gewalt op de Bühne to stahn un Geschichten to vertellen, trurig, lustig, egol, aver is dat okay, tosomen to komen as Minschen, as Mitminschen, sik to vertellen, sik vörtosingen, sik totohören, jo, Spoß to hebben, wenn annerwegens Lüüd doot schoten warrt?
Un ik segg: Dat is nich blots okay, nee, dat mutt so sien! Mookt wi uns doch nix vör: De Welt is groot, wi hebbt över acht Milliarden Minschen, un ümmer, ümmer, ümmer, nu, as ik dat hier schrieven do, nu, as du dat leest, is jichtenswo op de Welt Krieg, warrt jichtenswo Lüüd doot schoten oder vergewaltigt oder verhungert oder koomt annerswo to Doot. Dor is so veel Unglück in de Welt, aver ok soveel Glück. Kinner, de geboren warrt, Minschen, de sik leev hebbt, Minschen, de sik Frünnen sünd. Un wi sünd merrnmang, du, ik, as alle, in eene Welt vull mit Glück un vull mit Unglück. Wenn wi seggt, wi dörpt keen Spoß hebben, wiel annerwegens Lüüd in Leid leven

mööt, denn kunnen wi nie nich Spoß hebben. Denn Leid is ümmer. Sülvst in de beste Welt, de ik mi vörstellen kann, is ümmer Leid.

Also mook ik wieder. Ik schriev wieder, ik vertell wieder, ik bring de Lüüd wieder ton Lachen. Dorbi is mi dat Leid bewusst, un mi is dat ok nich egol. Aver wenn wi dorop verzichen doot, Spoß to hebben, warrt dat Leid op de Welt nich weniger, sünnern mehr. De Spoß aver, dat Mitgeföhl, de Minschlichkeit, dat warrt weniger; dorvun bün ik övertüügt. Wenn wi Minschen ween wüllt, denn mööt wi ok leven as Minschen. Tosomen komen. Vertellen. Tohören.

Un ik bün Hippie noog, dat ik doran glööv, dat dat een Ünnerscheed mookt, dat wi een Ünnerscheed mookt, wenn wi wieder leevt, as dat ween schull. Lüüd, de tosomen koomt, de schnackt un musizeert un sik tohöört, mookt de Welt een lütt beten beter. Een lüürlütt beten beter, aver op jeden Fall beter, as wenn all de Lüüd blots tohuus hocken wörrn un Hasskommentare posten, in't Internet. Ik bün mi seker – mien Mudder harr recht, as se sä: Lachen is gesund. Okay, se hett ok seggt: Ik

lach ja nich so geern. Villich is se dorüm so unglücklich west. Un krank worrn.
Jedenfalls: Wenn ik ünnern Heven stah un ik kiek nah boven, denn föhl ik mi lütt, klor. Ik bün lütt, aver ik bün nich nix. Ik bün dor, un dat ik dor bün, mookt een Ünnerscheed. Een lüürlütten Ünnerscheed, okay. Aver beter as nix.